Frank Gree...

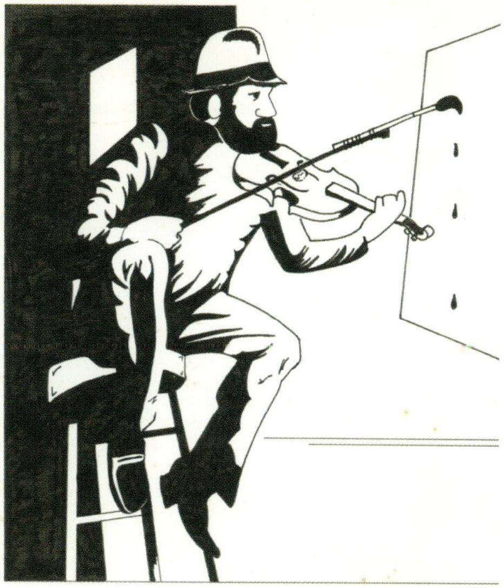

Lerpwl a'r Adeiladwyr Cymreig

Liverpool and the Welsh Builders

Argraffiad cyntaf: 2015

Rhif Llyfr Safonol Rhyngwladol:
978-1-84527-493-1

Cyhoeddwyd gan
Gwasg Carreg Gwalch,
12 Iard yr Orsaf, Llanrwst,
Dyffryn Conwy, Cymru LL26 0EH.

Ffôn: 01492 642031
Ffacs: 01492 642502
e-bost: llyfrau@carreg-gwalch.com
lle ar y we: www.carreg-gwalch.com

Cyhoeddwyd gyda chymorth Cyngor Llyfrau Cymru.

Cyhoeddwyd gan Wasg Carreg Gwalch
drwy gydweithrediad Oriel Plas Glyn-y-Weddw

Plas Glyn-y-Weddw acknowledges the support of Ceri Charles Durrant and the Arts Council of Wales towards the exhibition, Jan 2015.
Hoffai Plas Glyn-y-Weddw gydnabod cefnogaeth Ceri Charles Durrant a Chyngor Celfyddydau Cymru tuag at yr arddangosfa yn Ionawr 2015.

Lluniau dyfrlliw yw cynnwys y gyfrol hon oni nodir yn wahanol
All images reproduced in this book are watercolours, if not noted differently

Clawr/Cover:
Vanguard Street School, 2009

Diolch / Thanks

Frank Green

Teulu Frank's *family*:

Meryl ei wraig *(wife)*

Siân ei ferch *(daughter)*

â'i frawd

John Green

(brother)

Gwynfor Ellis

Gareth Griffith

Mike a Veronica Knowles

ffotograffau drwy haelioni/*photographs courtesy of* Frank Green

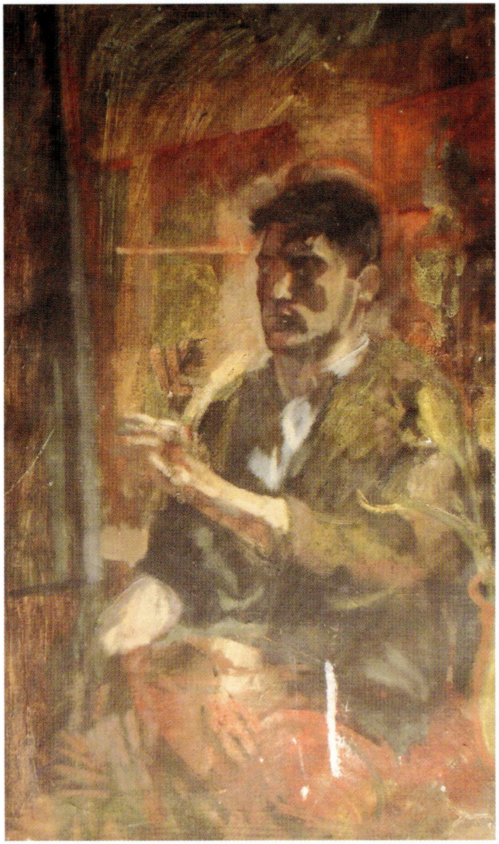

Hunanbortread, cyfrwng cymysg, 1968
Self-portrait, mixed media, 1968

Golygydd Editor Nia Roberts
Cyflwyniad Foreword Gareth Wyn Jones
Dylunio Design Eleri Owen

Rhagair

Mae'n bleser ac yn dipyn o her cael trefnu arddangosfa sy'n rhychwantu gyrfa Frank Green a'i luniau o ddinas Lerpwl ym Mhlas Glyn-y-Weddw. Mae Frank yn artist mor gynhyrchiol, nid gorchwyl hawdd ydi crynhoi detholiad o'i weithiau celf ond mae'n fwy fyth o sialens i grynhoi tipyn o'i hanes diddorol mewn llyfr!

Mae Frank yn artist cydnabyddedig, mae wedi treulio'r rhan helaethaf o'r hanner can mlynedd diwethaf yn dogfennu a phortreadu adeiladau a strydoedd Lerpwl. Ynghlwm wrth y celf mae'r cof nodedig sydd ganddo am bob hanesyn a manylyn. Mae hanes yn bwysig iddo – hanes teulu, hanes ardal a hanes cymdeithas. Ochr yn ochr â'r paentiadau mae manylion, megis sut yr aeth ati i ddysgu Cymraeg yn y 70au wrth wrando ar Radio Cymru; ei ddiddordeb yn yr adeiladwyr o Gymru a chwaraeodd ran mor allweddol yn natblygiad Lerpwl; neu ei emosiwn wrth fod yn dyst i gymaint o ddymchwel a newid mewn rhannau o'r ddinas sy'n agos at ei galon. Mae hyn oll wedi'i blethu yn ddwfn yn ei gymeriad a'i waith.

Trwy gyfrwng yr arddangosfa byddwn yn dathlu celfyddyd Frank a'i bortread o Lerpwl. Rydym yn hynod ddiolchgar i Gareth Wyn Jones am ei gyflwyniad i gefndir Frank a rhai o'r adeiladwyr Cymreig ac i Wasg Carreg Gwalch am gyhoeddi'r gyfrol hon fel rhan o'r ymdrech i godi'r llen a rhoi sylw haeddiannol i fywyd a gwaith y rhyfeddol Frank Green.

Nia Roberts
Curadur Arddangosfa Lerpwl Frank Green
Plas Glyn-y-Weddw, 2015

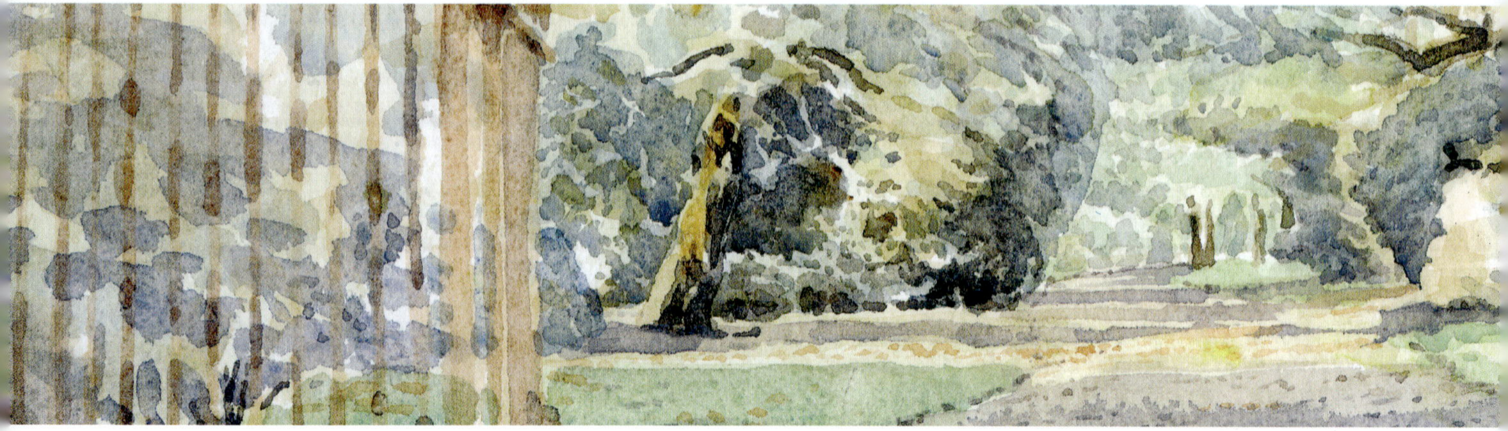

Adwy Stanley Park, 2007
Stanley Park Entrance, 2007

Preface

Organising a retrospective exhibition of Frank Green's paintings of Liverpool at Plas Glyn-y-Weddw is a pleasurable task but also quite a challenge. Frank is such a productive artist that selecting the works hasn't been easy, but it is an even bigger challenge to summarise some of his fascinating history into a book!

A recognised artist, Frank has spent the best part of fifty years documenting and portraying the buildings and streets of Liverpool. Attached to the art is the extraordinary memory he has for every detail and anecdote. History is important to him – his family history and that of his neighborhood and society around him. Alongside the paintings are the details, such as how he learnt Welsh in the 70's while listening to Welsh language radio course; his interest in the Welsh builders that played such an essential role in the development of Liverpool; or his emotion at witnessing so much demolition and change in areas of the city very close to his heart. Everything is interwoven deep in his character and his work.

Through the exhibition we celebrate Frank's art and his portrayal of Liverpool. We are extremely grateful to Gareth Wyn Jones for his introduction to Frank's background and some of the Welsh builders and to Gwasg Carreg Gwalch for publishing this volume as part of the effort to give due attention to the life and work of the remarkable Frank Green.

Nia Roberts
Frank Green's Liverpool Exhibition Curator
Plas Glyn-y-Weddw, 2015

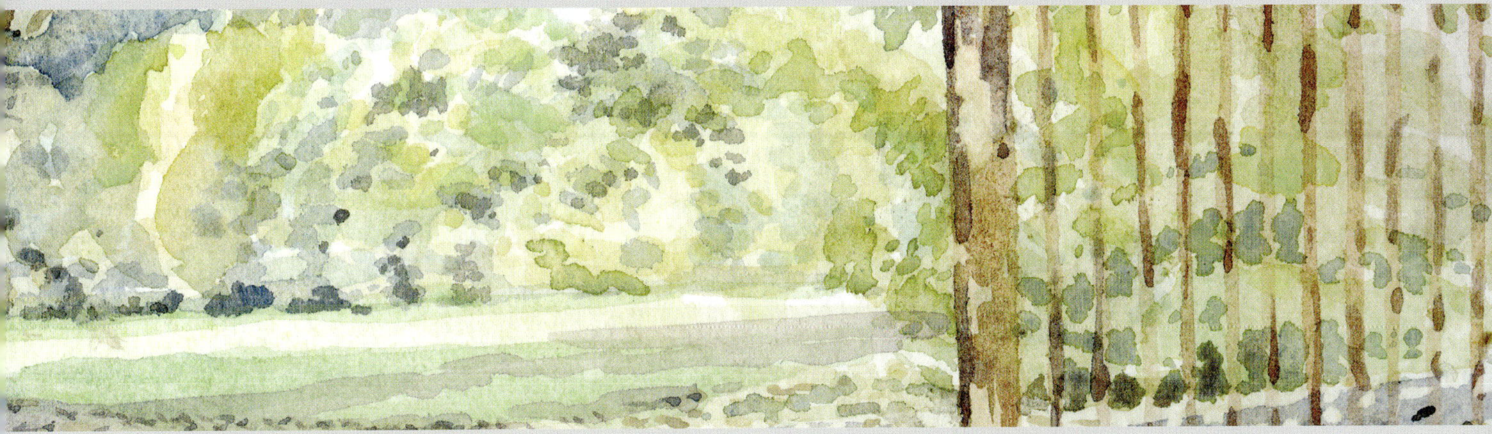

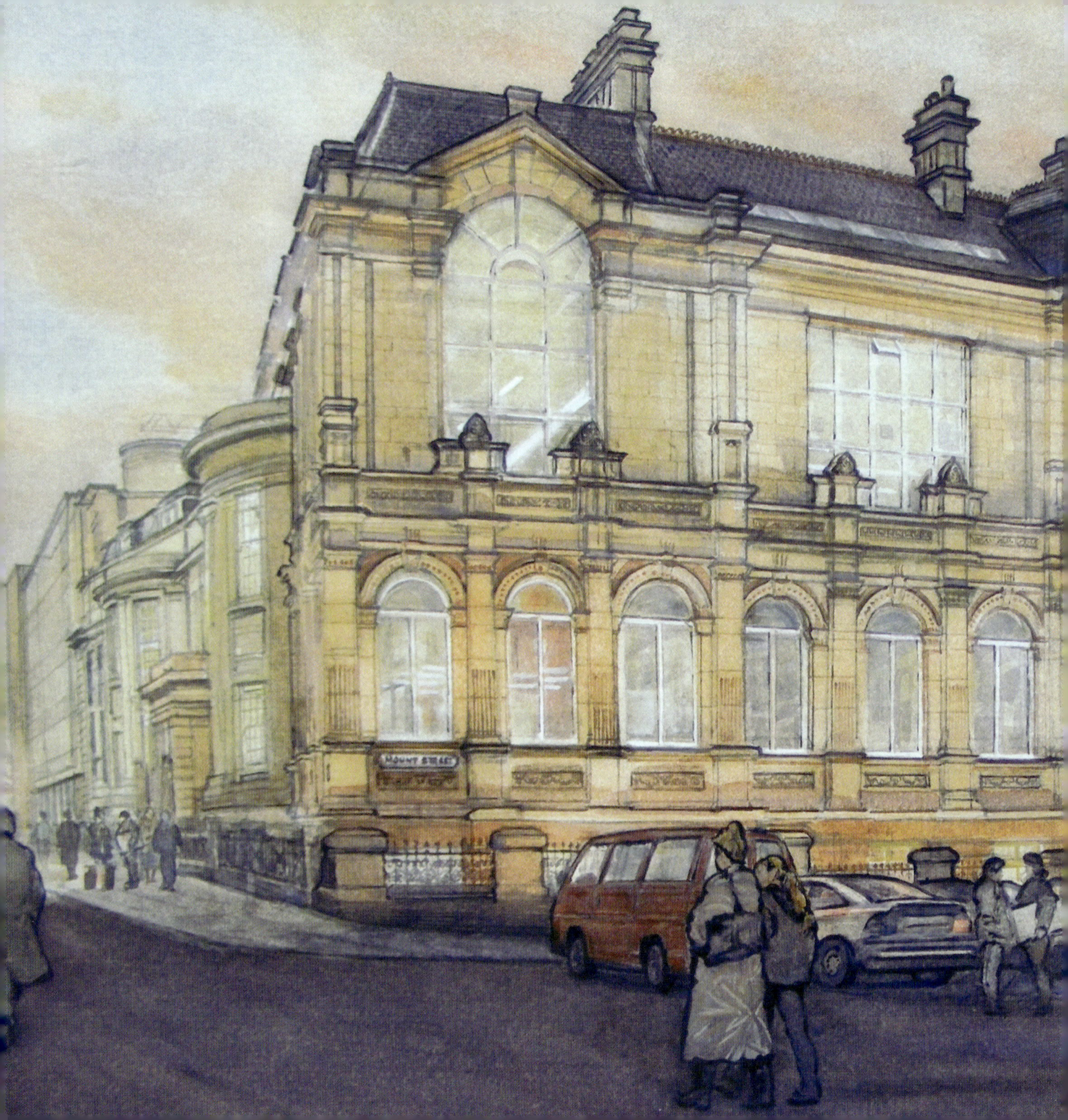

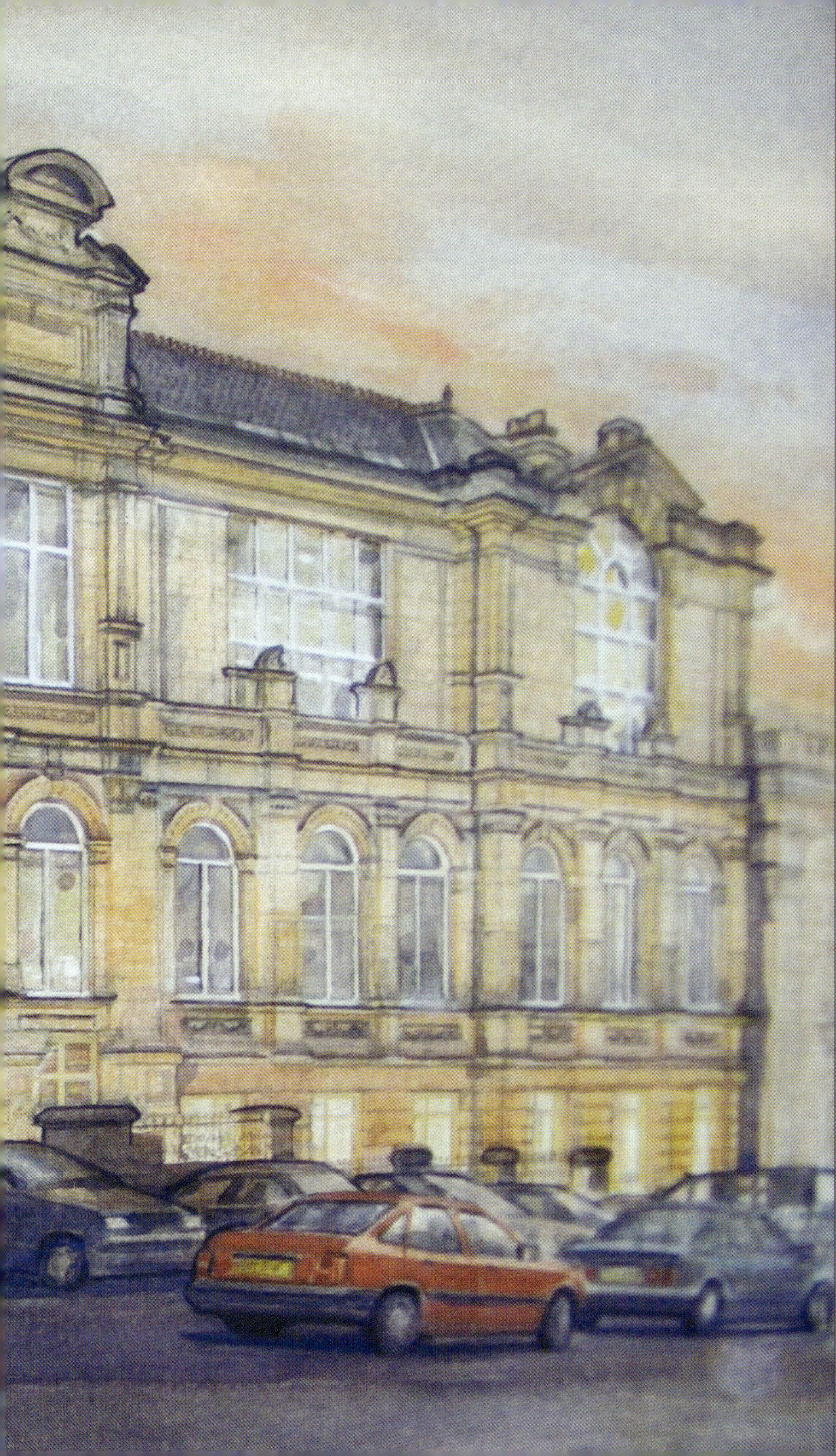

Cyflwyniad
Introduction

gan | by
Gareth Wyn Jones

Y Coleg Celf, Lerpwl, 1988
The Art College, Liverpool, 1988

Frank Green

Mae Frank Green yn enghraifft prin o arlunydd sydd wedi gallu cynnal gyrfa broffesiynol drwy gyfrwng ei grefft ers hanner can mlynedd. Ond mae stori Frank ei hun yn llawer iawn mwy na hynny oherwydd ei ymlyniad dwfn wrth ei wreiddiau a'i fagwraeth yn ninas Lerpwl. Mae'r cwlwm rhwng hyn a'r ffaith ei fod bellach hefyd yn Gymro twymgalon yn ei wneud yn gymeriad unigryw a deublyg. Ag yntau erbyn hyn dros oed yr addewid, mae'n parhau i rannu ei fywyd rhwng ei siop a'i stiwdio yn Anfield a'i gartref mabwysiedig ym Mhontrug, gyda Meryl ei wraig, a lle magwyd eu tri o blant.

Priodol yma yw egluro fod yr iaith Gymraeg yn llifo'n esmwyth oddi ar wefusau Frank ers degawdau bellach, gan iddo ddysgu Cymraeg yn y 70au cynnar wedi iddo gyfarfod â Meryl, oedd wedi dod o Ddyffryn Nantlle i Lerpwl i ddilyn gyrfa fel athrawes. Roedd wedi bod yn ymwybodol o'r iaith mor fuan â phum mlwydd oed. Roedd ei fam wedi'i magu yn Neston Street, un o'r strydoedd a adeiladwyd gan Owen Elias, ac mae Frank yn cofio nifer o drigolion Cymreig 'strydoedd y cychod' yn sgwrsio yn Gymraeg pan oedd yn blentyn bach yn byw yn Saxonia Road a adeiladwyd gan David Hughes (Cemaes), tad Elwyn a Hywel Hughes (llawfeddyg). Mae ganddo atgofion am leoliad swyddfeydd cwmni Owen Elias yn Spellow Lane ac mae'n cofio'r swyddfa yn cael ei gwagio a'i holl gynnwys yn cael ei daflu i sgip. Dywedodd Frank wrthyf ei fod yn difaru hyd heddiw na fyddai wedi arbed ac achub yr hen gofnodion a daflwyd, gan ei bod yn debygol fod yma bennod bwysig o hanes y ddinas wedi mynd i ddifancollac y buasai hen lyfrau rhent tai rhai o'i deulu estynedig oedd yn byw yn yr ardal.

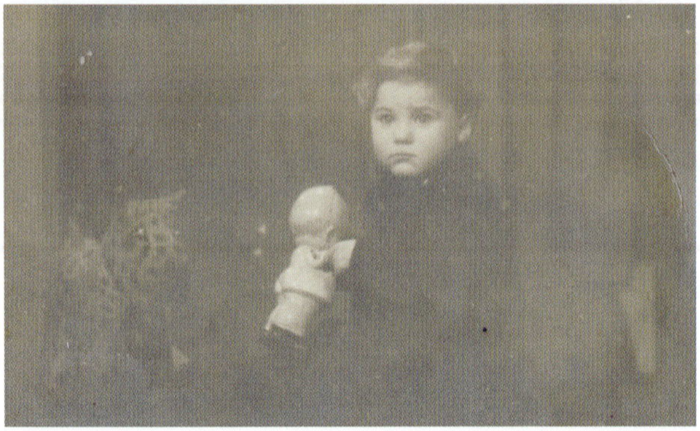

Frank Green 2 oed
Frank Green 2 years

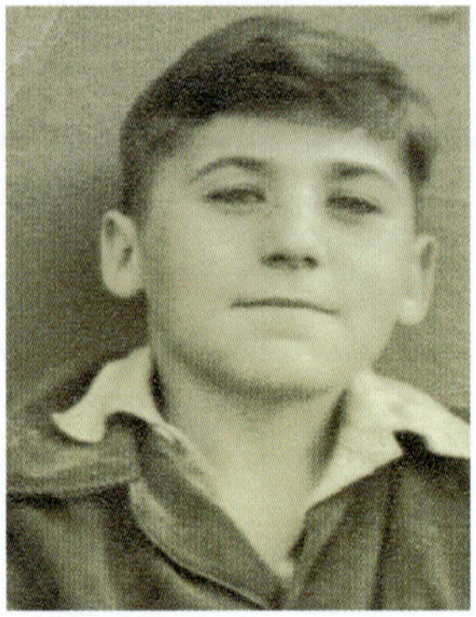

10 oed
10 years

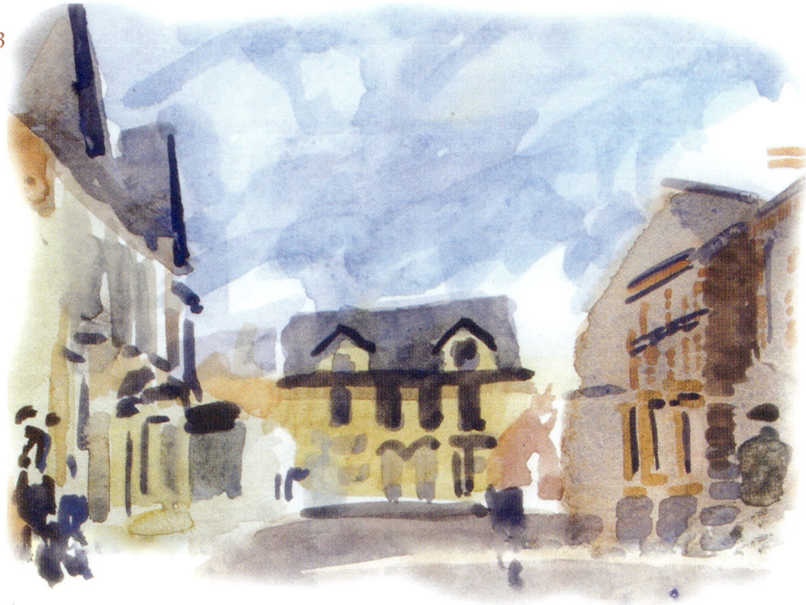

Tuag at Mere Lane o Monk St; braslun, 1973
Towards Mere Lane from Monk St; sketch, 1973

Frank Green is a rare example of an artist who has been able to maintain a professional career following his craft for fifty years. But there is much more to Frank's story than this, stemming from a deep attachment to his roots and his upbringing in Liverpool. This bond, and the fact that he is now also a warm-hearted Welshman, makes him a unique and duplex character. Having now reached his seventies he continues to share his life between his shop and studio at Anfield and his adopted home in Pontrug with his wife Meryl, where they raised their three children.

I should clarify here that the Welsh language has flowed easily from Frank's lips since he set about learning in the early 70's after meeting Meryl who had moved from the Nantlle Valley to Liverpool to follow her teaching career. He was aware of the language as early as five years old. His mother had grown up in Neston Street, one of the streets built by Owen Elias and Frank remembers the numerous Welsh residents of the 'ship roads' conversing in Welsh in the street when he was a small child living on Saxonia Road, built by David Hughes (Cemaes), the father of Elwyn and Hywel Hughes (surgeon). He remembers the location of the company offices of Owen Elias in Spellow Lane and has memories of the office being emptied and all its contents thrown into a skip. Frank told me that he regrets to this day that he had not saved the old discarded records, as it was likely that an important chapter of the history of the city had been lost forever and would have contained the rent records of his extended family who lived in the district.

Mewn gwirionedd felly mae yna ddau Frank a'r ddau yn byw bywyd diwylliannol eithaf gwahanol ers blynyddoedd maith. Ond mae'r emosiwn a'r dwyster sydd wedi amlygu ei hun yn ei waith i'w weld yn y Sgowsar cynnes yn ogystal ag yn y Cymro brwdfrydig. Os mynnwch weld yr artist yn ei elfen, piciwch draw i Ganolfan Wyddelig St Michael's yn y ddinas. Yma gwelir Frank yn rheolaidd yn ymhél gyda'i gariad cudd, sef ei ffidil! Dyma'r ddihangfa wythnosol i fod yn rhan o gig gymunedol Wyddelig lle gwelir yr artist yn datgelu ei nodau direidus ar dannau cerddoriaeth Geltaidd.

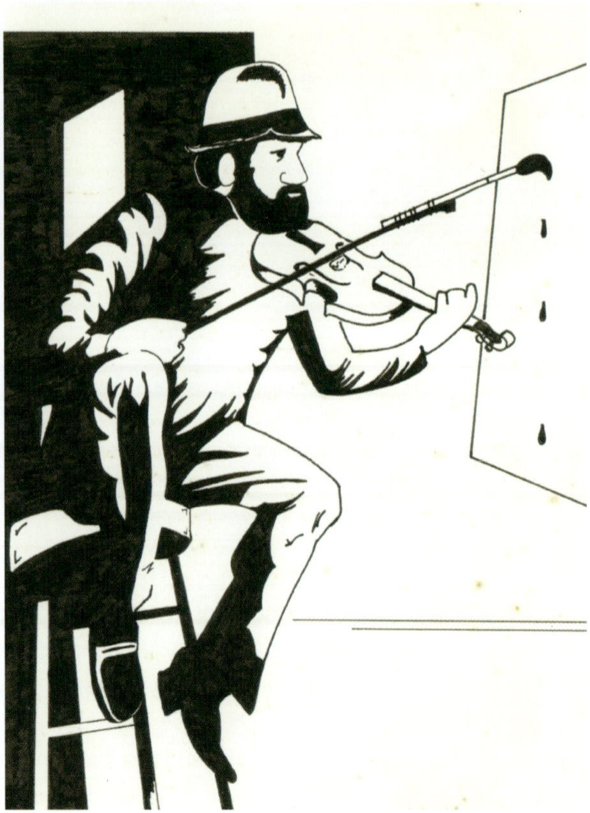

Frank Green: Cartŵn gan Dennis Jones, Ceunant
Catroon of Frank Green by Dennis Jones, Ceunant

So in truth there are two Frank's, both living quite a different cultural life for many years. The emotion and intensity that is manifest in his work is evident in both the warm hearted Scouser as well as the enthusiastic Welshman. If you want to see the artist in his element, pop along to St Michael's Irish Centre in the city. Here you will see Frank regularly pursuing his secret passion, his violin! This weekly escape see's him participate in an Irish community gig where the artist reveals another side to his character through the strings of Celtic music.

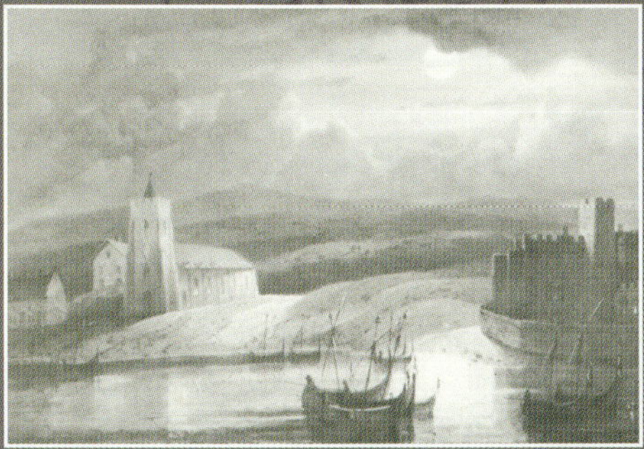

Yr olygfa gynharaf o Lerpwl, oddeutu 1170; ail-grewyd gan W. G. Herdman yn 1878
Earliest known view of Liverpool, approximate date 1170; recreated by W. G. Herdman in 1878

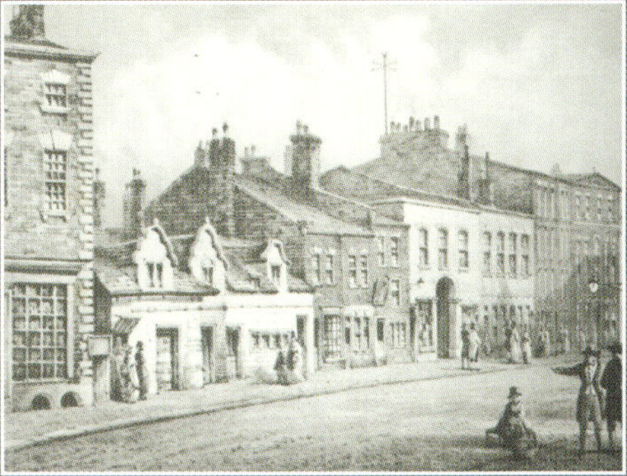

Lord Street, North Side, addaswyd gan W. G. Herdman yn 1878 o blât yn dyddio o 1785
Lord Street, North Side, adapted by W. G. Herdman in 1878 from a plate dated 1785

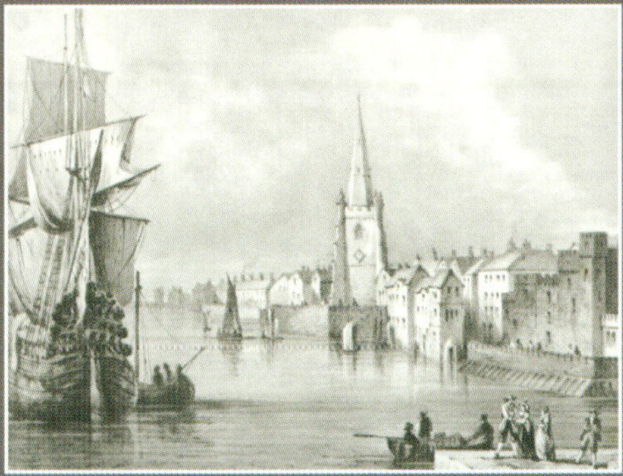

Lerpwl yn 1650 , addaswyd gan W. G. Herdman yn 1878 o luniad o 1650
Liverpool in 1650, adapted by W. G. Herdman in 1878 from a drawing dated 1650

Ers ei ddyddiau yn ysgol gynradd Florence Melly yn Walton ac ysgol uwchradd Evered Avenue, dim ond un peth oedd ar feddwl Frank, sef arlunio. Gweithiodd yn anfoddog mewn swyddfa cyfrifydd am ysbaid fer yn 1959 cyn llwyddo i ennill lle yng ngholeg celf Lerpwl ym mis Medi 1960. Trwythodd ei hun yng ngwaith arlunio Richard Wilson a Harold Gilman yn ogystal â W. G. Herdman o ardal Everton oedd wedi treulio ei oes yn darlunio dinas Lerpwl. Treuliodd gyfnod byr rhwng 1965 ac 1968 fel athro rhan-amser yn ysgol gyfun Sant Gregory yn ardal Kirkby ac ers hynny mae wedi treulio'r rhan helaethaf o'i amser yn paentio a gwneud lluniau o fewn ffiniau dinas Lerpwl, ar wahân i gyfnod byr ar y Cyfandir.

Since his school days at Florence Melly Juniors in Walton and Evered Avenue Secondary the only thing that Frank wanted to do was draw. He reluctantly worked in an accountancy office for a short spell in 1959 before successfully gaining a place at the Liverpool College of Art in September 1960. He immersed himself in the work of Richard Wilson (1714-1782) and Harold Gilman (1876-1919) as well as Everton's W. G. Herdman (1805–1882), who had spent a lifetime depicting Liverpool. He took a part-time teaching job at St. Gregory's Comprehensive School in Kirkby between 1965 and 1968 and since then has spent most of his time painting and drawing within the boundaries of the city of Liverpool, except for a short period on the Continent.

Agorodd ei siop bresennol yn Oakfield Road yn 1979, wedi i'w siop gyntaf yn Breckfield Street North gael ei dymchwel yn 1978. Yn Oakfield Road, o fewn tafliad carreg i faes Anfield, y dechreuodd dreulio amser bob wythnos yn paentio ac yn cyd-redeg y siop gyda'i frawd, John. Hyd yn oed heddiw, mae'r hen Ford Transit felen i'w gweld yn mynd yn ôl a 'mlaen o Bontrug i Lerpwl yn rheolaidd gan gludo'r offer a'r creiriau a'r lluniau.

Yn ystod ei flynyddoedd fel myfyriwr yn y coleg celf fe sylweddolodd Frank bod modd iddo gyfleu ei gariad at y ddinas a'i phobl a'i phensaernïaeth drwy gyfrwng ei ganfas. Daeth i werthfawrogi ardal Everton a'r Tŵr Dŵr enwog wrth iddo deithio'n gyson ar fws rhif 19, a dyma pryd y dechreuodd ddefnyddio olew i baentio. O'r holl luniau a wnaeth yn y cyfnod hwnnw mae Frank yn arbennig o falch o'i ddarluniau o'r Margaret Street Baths a'r Tŵr Dŵr.

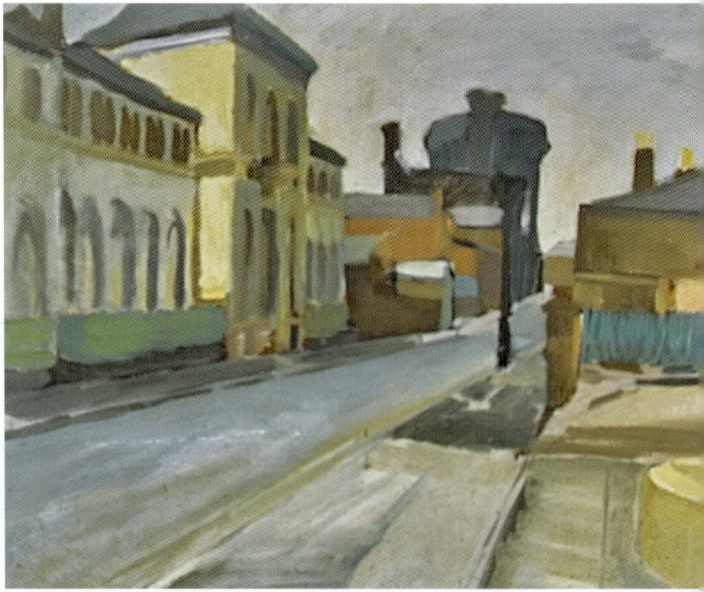

Y Tŵr Dŵr a Phwll Nofio Margaret St; olew, 1962
The Water Tower and Margaret Street Baths; oil, 1962

He opened his current shop in Oakfield Road in 1979, after his first premises in Breckfield Road North was demolished in 1978. It was at Oakfield Road, within walking distance of Anfield stadium, that he began to spend time each week painting and running the shop in partnership with his brother, John. Even today, the old yellow Ford Transit can be seen going back and forth regularly from Pontrug to Liverpool.

During his time as a student at the art college, Frank realised that he could convey his love for the city, its people and its architecture through canvas. As he travelled regularly on the no. 19 bus he came to appreciate the Everton area and its famous Water Tower and began to paint the area in oils. Of all the pictures he made during this time Frank is particularly proud of his paintings of the Margaret Street Baths and Water Tower.

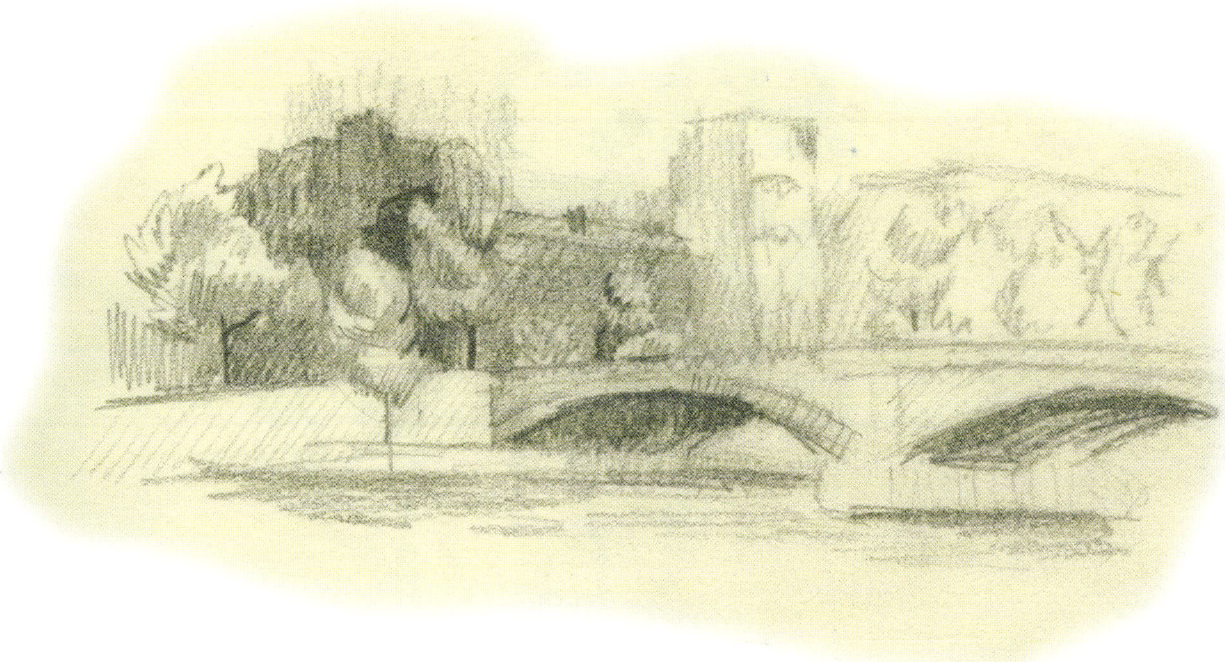

Seine, Paris; braslun pensil, 1962
Seine, Paris; pencil sketch, 1962

Ar ddiwedd ei gwrs coleg,, enillodd ysgoloriaeth gan Awdurdod Addysg Lerpwl i fynd i Ewrop i weithio. Ar ôl treulio cyfnod ym Mharis a Naples, bu'n byw ym mhentref San Lazaro, yn ardal Agerola, lle bu'n paentio golygfeydd o arfordir Amalfi cyn dychwelyd ar ei sgŵtar yn ôl i lannau Merswy!

On finishing college he won a scholarship from the Liverpool Education Authority to work in Europe, and after spending time in Paris and Naples he lived in the village of San Lazaro in the Agerola area, where he painted views of the Amalfi coast before returning back to the banks of the Mersey on his scooter!

Mae llawer o waith Frank yn canolbwyntio ar y strydoedd hynny yn Lerpwl sy'n cael eu hadnabod fel y 'strydoedd Cymreig'. Mae hanes datblygiad Lerpwl yn ystod y bedwaredd ganrif ar bymtheg yn cynnwys elfen Gymreig amlwg. Symudodd cannoedd o grefftwyr ac adeiladwyr i'r ddinas a daeth llawer ohonynt yn wŷr busnes cyfoethog a dylanwadol. Ystyrier Owen Elias a'i fab William Owen Elias, fel un enghraifft. Mudodd Owen yno o'r Garreglefn, Ynys Môn gydag wyth swllt yn ei boced ac yntau'n bedair ar bymtheg mlwydd oed yn 1825. Ymhen deugain mlynedd roedd ei deulu'n berchen cwmni enfawr ac wedi bod yn gyfrifol am adeiladu dwsinau o strydoedd a thai yn ardal Walton. Mae cyfres o strydoedd wedi'u henwi ar ôl llythrennau enw William Owen Elias: Oxton Street, Wimslow Street, Eton Street, Neston Street ac ymlaen ac ymlaen. Yn ystod saith degau'r ganrif honno daeth Owen Elias yn faer y ddinas a galwodd am sefydlu Lerpwl fel prifddinas Cymru.

Mae'r llyfr *Welsh Builders on Merseyside* a gyhoeddwyd gan J. R. Jones yn 1946, yn gronicl cyflawn o hanes yr adeiladwyr Cymreig a fu mor ddylanwadol, ac mae cynnwys y llyfr wedi bod yn ysbrydoliaeth i lawer o waith Frank.

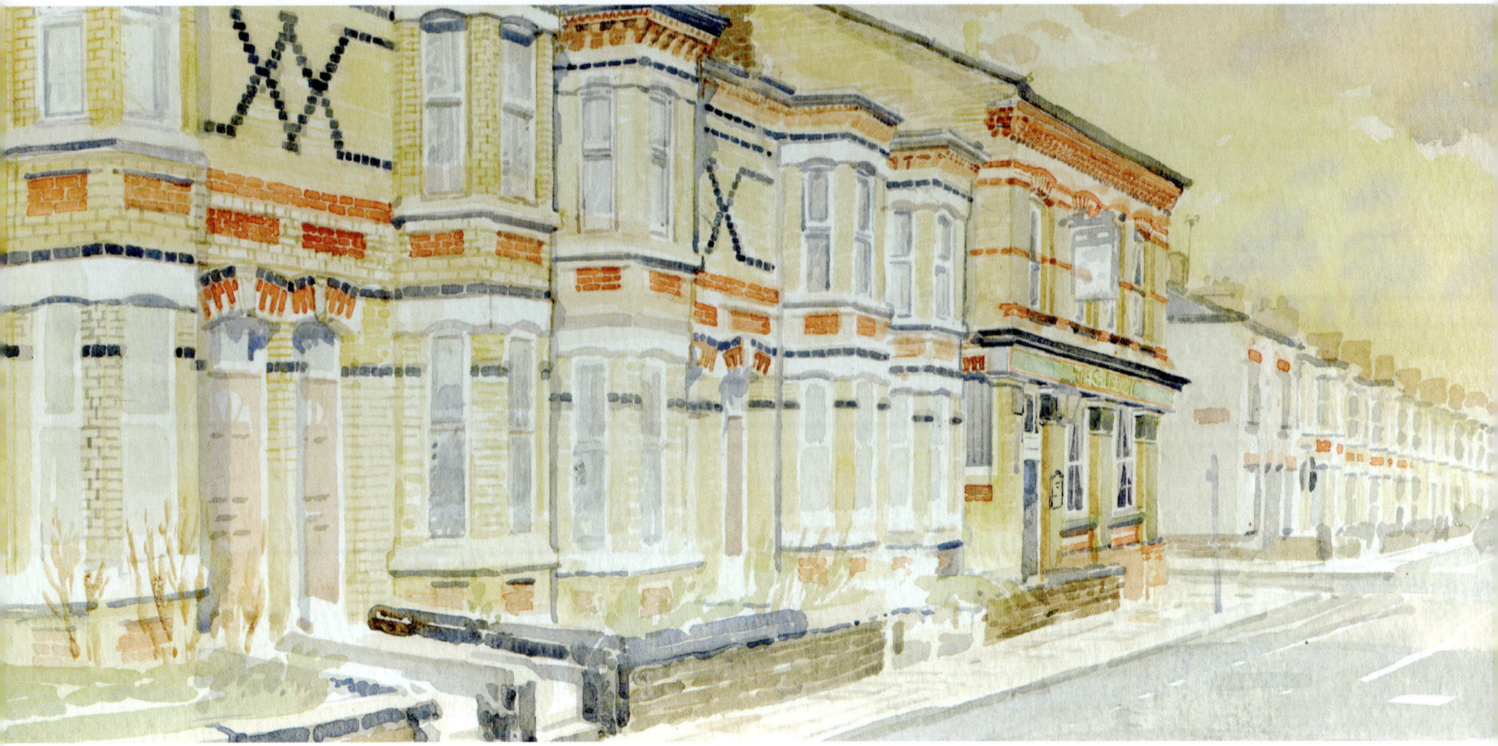

Granton Road & The Salisbury, 2007

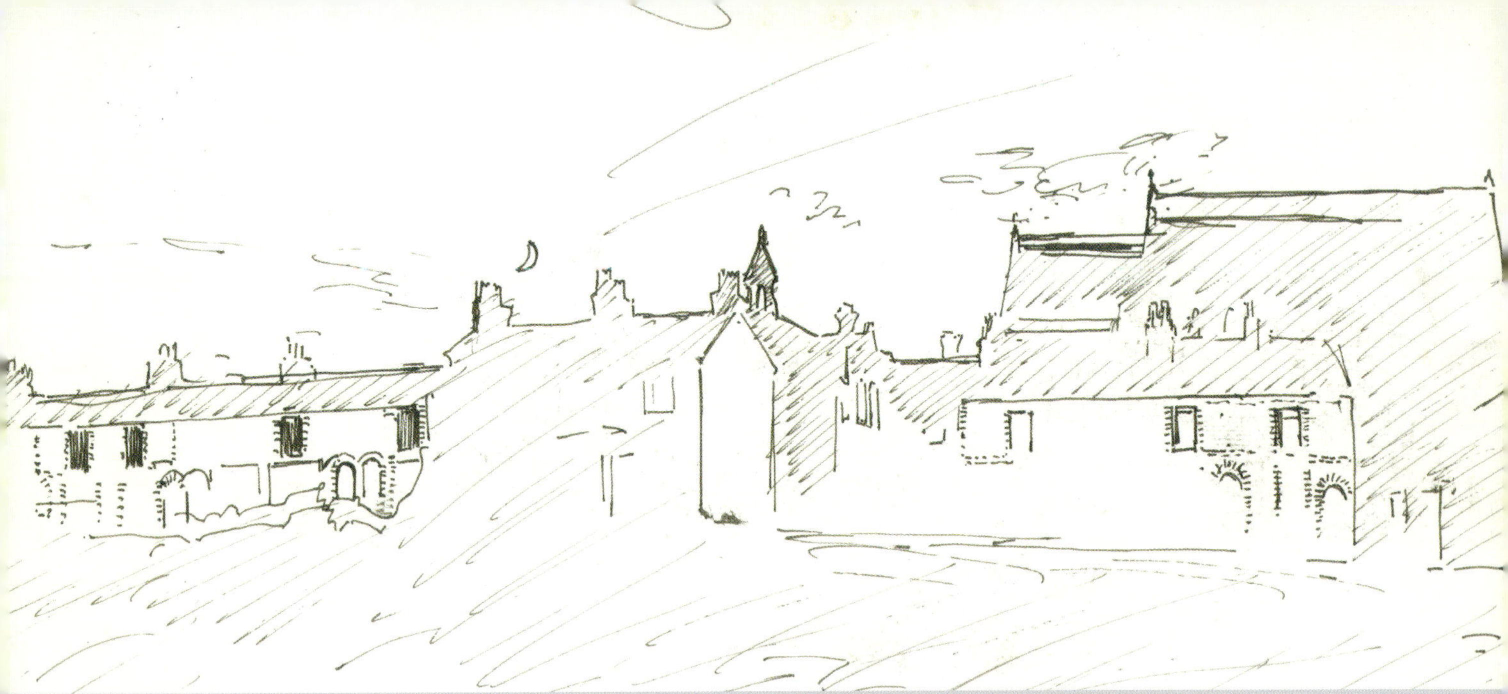

Rutland Street ac Eglwys St Saviours, braslun, 1974
Rutland Street & St Saviours Church, sketch, 1974

Much of Frank's work focuses on streets in Liverpool which are known as 'Welsh streets'. The history of the development of the city during the nineteenth century includes a prominent Welsh element. Hundreds of craftsmen and builders moved to the city and many of them became wealthy and influential businessmen. We can take Owen Elias and his son William Owen Elias as an example. Owen emigrated to Liverpool from Garreglefn, Anglesey with eight shillings in his pocket when he was nineteen years old in 1825. Forty years later his family owned a large company and had been responsible for the construction of dozens of streets and housing in the Walton area. There is a series of streets named after the letters of William Owen Elias's name: Oxton Street, Wimslow Street, Eton Street, Neston Street and so on. During the 1870's Owen Elias became mayor of the city and called for establishing Liverpool as the capital of Wales.

The book, *Welsh Builders on Merseyside* published by J. R. Jones in 1946, is a wonderful historical chronicle of the Welsh builders who had been so influential, and the contents of the book has been an inspiration to much of Frank's work.

At bwrpas y cyflwyniad hwn i waith Frank, rwyf am ddewis tri o'r adeiladwyr Cymreig amlycaf sydd wedi cyffwrdd a'i hanes personol ef a'i waith arlunio yn y ddinas. Tri ymhlith dwsinau o gymeriadau lliwgar yw'r rhain a dyma bwt am bob un.

William Jones, Ty'n y Graig, Cefn Brith, Cerrigydrudion (1788-1876)

Dyma un o'r rheng arloesol o adeiladwyr Cymraeg yn y ddinas. Roedd yn un o ddisgynyddion teulu enwog Prysiaid Plas Iolyn ac yn un o saith o blant Catherine Jones. Ei chwaer oedd ceidwad tafarn y White Lion yng Ngherrigydrudion, sef y cymeriad amlwg a gyfeiriwyd yn gynnes ati gan George Borrow yn ei lyfr taith, *Wild Wales*. Roedd y Prysiaid yn hanu o linach Rhys ap Meredydd, y gŵr a gariodd luman y Ddraig Goch dros Harri Tudur ym mrwydr Bosworth, 1485. Enillodd William barch a chlod fel saer ac ef a gynlluniodd ffenestri gwesty enwog Ceirnioge Mawr ar fin ffordd yr A5 ar droad y bedwaredd ganrif ar bymtheg.

Mudodd i Lerpwl ac yno bu'n gyfrifol maes o law am adeiladu rhan helaeth o Parliament Street a Duke Street, sef dwy o strydoedd enwocaf y ddinas. Cododd Catherine Street a'i henwi ar ôl ei fam, stryd o dai gosgeiddig a safonol o fewn tafliad carreg i'r eglwys gadeiriol. Fel sawl adeiladwr, bu'n ffyddlon i fro ei febyd gan adeiladu ysgol newydd ar gyfer pentrefwyr Cerrigydrudion. Cynhaliai de parti ar gyfer y pentref yn flynyddol hyd ddiwedd ei oes.

For this introduction to Frank's work, I'll choose three of the most prominent Welsh builders that have touched his personal history and his artwork in the city. These are just three among dozens of colorful characters and here is a short description of each one.

William Jones, Ty'n y Graig, Cefn Brith, Cerrigydrudion (1788-1876)

Here is one of the many innovative Welsh builders in the city. He was a descendant of the famous Prys family of Plas Iolyn and one of seven children of Catherine Jones. Her sister was the innkeeper at the White Lion in Cerrigydrudion, a character that George Borrow clearly warmly refers to in his journal, *Wild Wales*. The Prys family descended from Rhys ap Meredydd, the man who carried the Red Dragon banner for Henry Tudor at the Battle of Bosworth in 1485. William won respect and praise as a carpenter and designed the windows of the famous Ceirnioge Mawr hotel on the A5 road at the turn of the nineteenth century.

He emigrated to Liverpool where he was eventually responsible for building the majority of Parliament Street and Duke Street, two of the most famous streets in the city. He named a street of graceful and high quality houses he built within walking distance of the cathedral Catherine Street after his mother. As many of the builders, he was faithful to his native area and built a new school for villagers of Cerrigydrudion. He held an annual tea party for the village until the end of his life.

Eglwys St Philip Neri, Catherine St, 1992
St Philip Neri Church, Catherine St, 1992

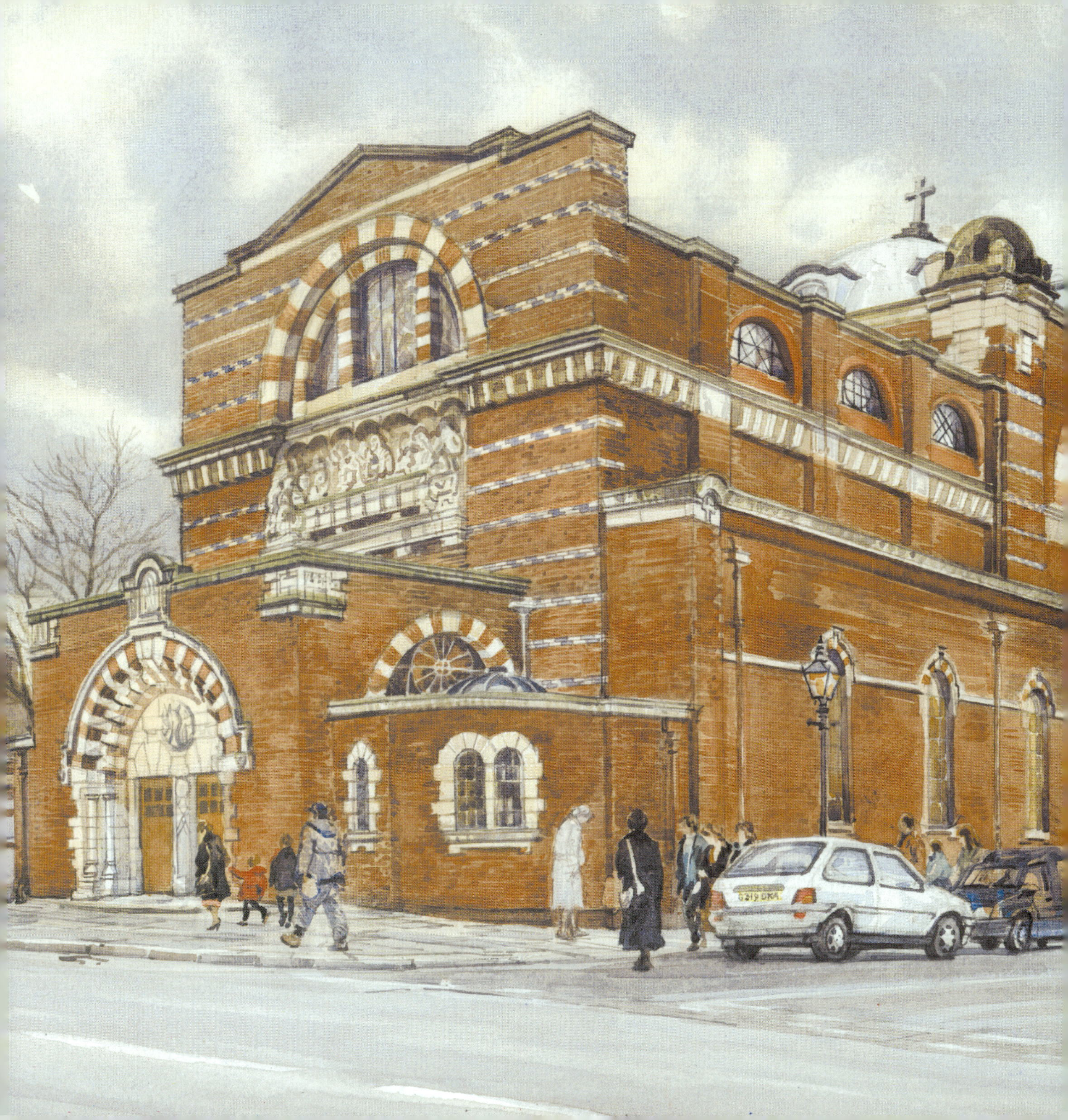

Owen Williams, Brynrefail, Bwlchtocyn, Abersoch (1861-1943)
Blwyddyn ar ôl marw William Jones, ymunodd Owen Williams gyda rhengoedd yr adeiladwyr Cymreig, a hynny fel prentis saer pymtheng mlwydd oed ar Parliament Street. Ymunodd â chwmni Jones Williams oedd yn cyflogi degau o Gymry. Dyma gyfnod datblygu'r ardal eang o gwmpas Parliament Fields lle gweithiai cannoedd ar gannoedd o Gymry.

Nid oedd rhai o adeiladwyr Môn yn estyn croeso i weithwyr eraill o Gymru ac oherwydd hynny penderfynodd Owen Williams fentro ar ei liwt ei hun. Cyn diwedd ei yrfa fel adeiladwr yn Lerpwl roedd wedi codi rhai strydoedd o dai yn ardaloedd Smithdown Road, Ramilies Road (ger Penny Lane), Shorefields, Aigburth, Fairfield a Wavertree. Mae cerdded ar hyd rhai o'r strydoedd hyn yn rhoi gwefr arbennig i Gymro ac yn peri i ddyn deimlo'n falch o ran ei gydwladwyr yn hanes y ddinas. Datblygodd Owen Williams ei fusnes mewn partneriaeth â'i frawd John gyda phencadlys yn Wavertree. Maes o law dychwelodd i Abersoch lle bu'n adeiladu eto o fewn dalgylch y pentref, yn ogystal ag ar hyd a lled sir Gaernarfon. Bu farw yn y Belmont, Abersoch yn 1943. Mawr oedd y parch a'r cof amdano o fewn capeli Annibynwyr glannau Merswy oherwydd ei haelioni neilltuol tuag at yr achos.

Owen Williams, Brynrefail, Bwlchtocyn, Abersoch (1861-1943)
A year after the death of William Jones, Owen Williams joined the ranks of Welsh builders as a fifteen year old apprentice carpenter on Parliament Street. He joined a company ran by Jones Williams who employed dozens of Welshmen. This was the development phase of the wide area around Parliament Fields where hundreds of Welshmen worked.

The Anglesey builders didn't always welcome other workers from Wales and therefore Owen Williams decided to venture on his own. Before the end of his career as a builder in Liverpool he had built streets of houses in Smithdown Road, Ramilies Road (near Penny Lane), and Shorefields, Aigburth, Fairfield and Wavertree areas. Walking along some of these streets gives a Welshman a special a pride in his fellow countrymen's part in the history of the city. Owen Williams developed his business in partnership with his brother John with their headquarters in Wavertree. Eventually he returned to Abersoch where he would once again start building in the village, as well as across Caernarfonshire. He died at the Belmont, Abersoch in 1943. His memory was held with the greatest of respect by the independent chapels of Merseyside because of his generosity towards their cause.

Breckfield Road North o Mere Lane, 1977
Breckfield Road North from Mere Lane, 1977

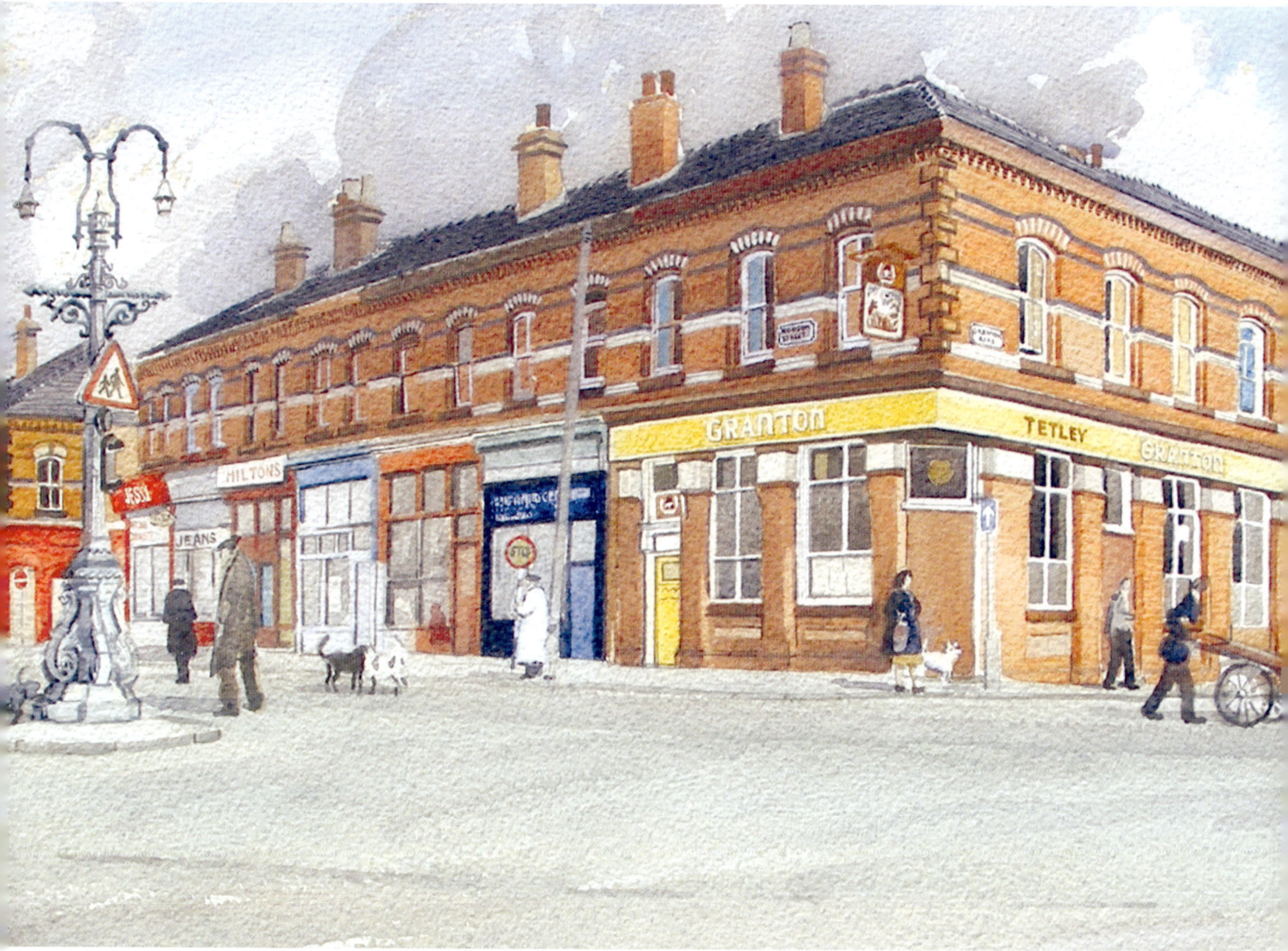

David Hughes, Cemaes, Môn (1820-1904)
Saif y gŵr hwn ymhlith yr adeiladwyr amlycaf yn hanu o Gymru. Adeiladodd yn helaeth yn ardal Everton gan gydweithredu gyda chwmni y brodyr Elias. Ymestynnodd ei waith i Stanley Road a bu'n ddiwyd yn codi rhai o'r warysau bric coch a welir hyd heddiw yn ardal y dociau a hynny er mwyn storio cyflenwadau ŷd a mewnforion Ewrop ac America. Yn ei lyfr diweddar mae'r awdur Harri Parri yn asesu effaith ei gyfoeth ar ei deulu ac ar ardal Cemaes. Ei ferch oedd priod yr enwog John Williams, Brynsiencyn, y gweinidog fu'n ddiwyd recriwtio ar gyfer catrodau'r Rhyfel Mawr (gweler *Gwn Glân a Beibl Budr*, Gwasg y Bwthyn). Ym mhennod gyntaf y llyfr hwnnw ceir darlun cynhwysfawr o arddwest briodasol ei ferch a John Williams. Dengys yr adeilad a'r dillad inni beth oedd maint y cyfoeth oedd wedi dod i ran y teulu yn sgil gweithgarwch y cyfnod. Roedd wedi adeiladu ail gartref iddo'i hun yng Nghemaes, sef y Wylfa Manor a chododd neuadd bentref newydd fel rhodd i fro ei fagwraeth. Yn Lerpwl cyfrannodd yn helaeth iawn at godi capeli Methodist Cranmer Street ac Anfield Road a bu'n flaenllaw yn natblygiad llywodraethiant Cyngor Dinesig Glannau Merswy.

David Hughes, Cemaes, Anglesey (1820-1904)
This man stands amongst the most prominent builders to come from Wales. He built extensively in the Everton area, collaborating with the Elias brothers. He extended his work to Stanley Road and was active in raising some of the red brick warehouses, used to store supplies of corn and imports from Europe and America, that still survive in the dock area today. In a recent Welsh publication, (*Gwn Glân a Beibl Budr*, Gwasg y Bwthyn), the author Harri Parri assesses the impact of his wealth on his family and on the Cemaes area; his daughter had married the notorious John Williams, Brynsiencyn, the minister who diligently recruited for the regiments of the Great War. In the first chapter of the book he gives us a comprehensive picture of his daughter and John Williams' wedding breakfast. The building and clothes clearly demonstrate the wealth the family had acquired through the activity of the period. He had built himself a second home, Wylfa Manor in Cemaes, and also a new village hall as a gift to the area of his upbringing. In Liverpool he contributed generously towards building Methodist chapels in Cranmer Street and Anfield Road and was active in the development of governance at Merseyside Municipal Council.

Anfield Methodist Church, 1976

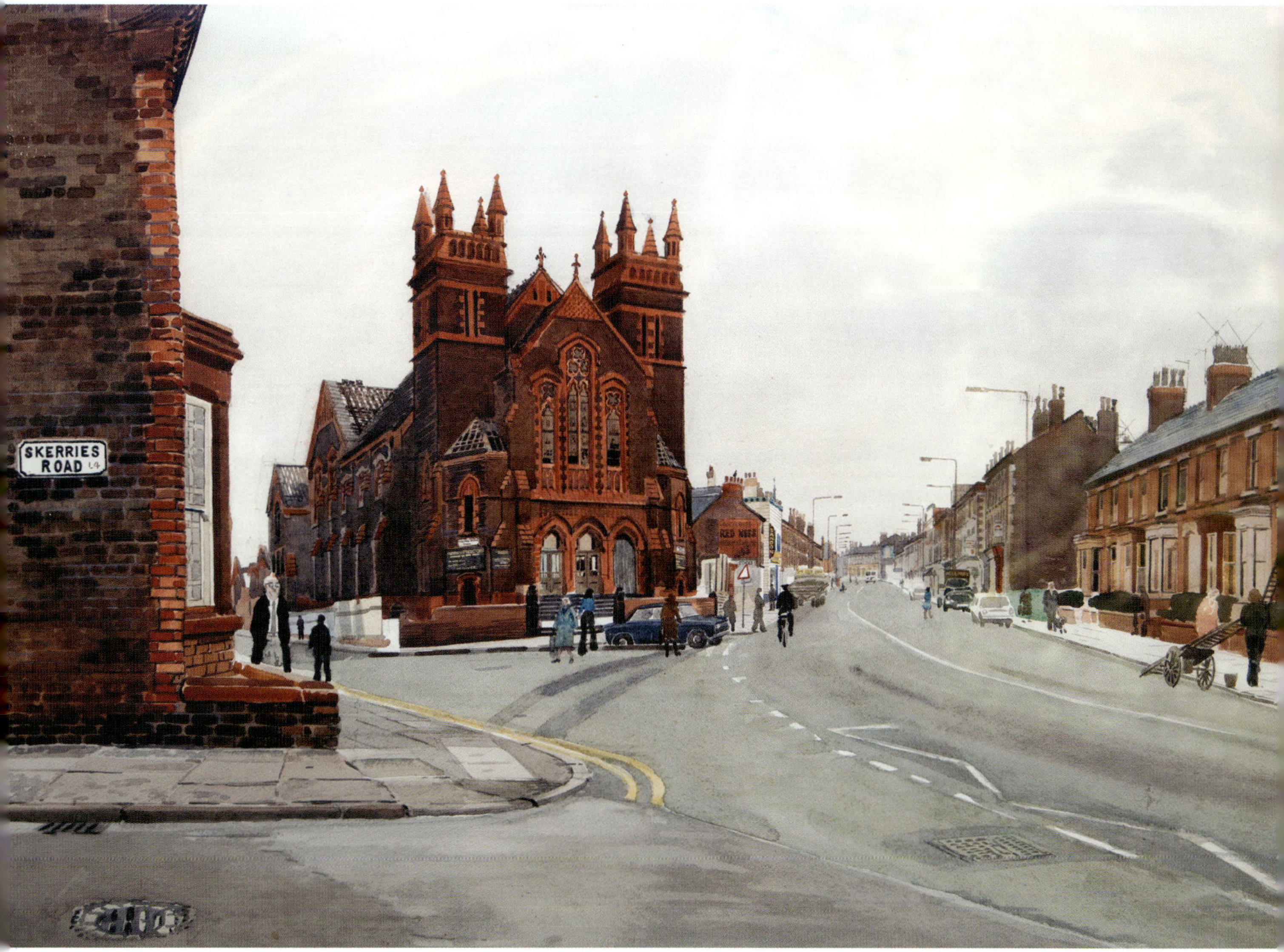

Roedd siop luniau gyntaf Frank yn Breckfield Road, o fewn yr ardal lle'r oedd Owen Williams, Bwlchtocyn, wedi codi dwsinau o dai ac adeiladau amrywiol. Ymhlith adeiladwyr amlwg eraill o Gymru roedd dau o Lanrwst, sef David Roberts (1806–1886) a Hugh Jones (1847–1940), William (Klondyke) Jones (1840-1918) o Lannerch-y-medd a'r Venmores (angen blwyddyn 1920) hefyd o Lannerch-y-medd, Ynys Môn yn adeiladawyr ac asiant tai, a'r Brodyr Williams (o. 1829 – 1902) Ysgubor Hen, Abererch, Llŷn. Mae'r rhestr yn un hirfaith. Heddiw mae gwaddol yr etifeddiaeth bensaernïol hon o dan fygythiad wrth i Gyngor Dinas Lerpwl gynllunio i ailwampio strydoedd ac i ddatblygu ardaloedd eang, megis o gwmpas maes pêl-droed Lerpwl.

Rhwng 1970 a 1979 gweithiodd Frank yn y strydoedd a'r adeiladau oedd yn cael eu dymchwel gan ddarlunio'r newidiadau oedd yn digwydd ar y pryd. Treuliodd amser yn gweithio fel casglwr tocynnau ar fysus 25 a 30 a bu'n llygad-dyst i ddiflaniad adeiladau eiconig megis Eglwys San Domingo a thafarn enwog Gregson's Well (cartref ysbrydol grŵp enwog y 'Spinners').

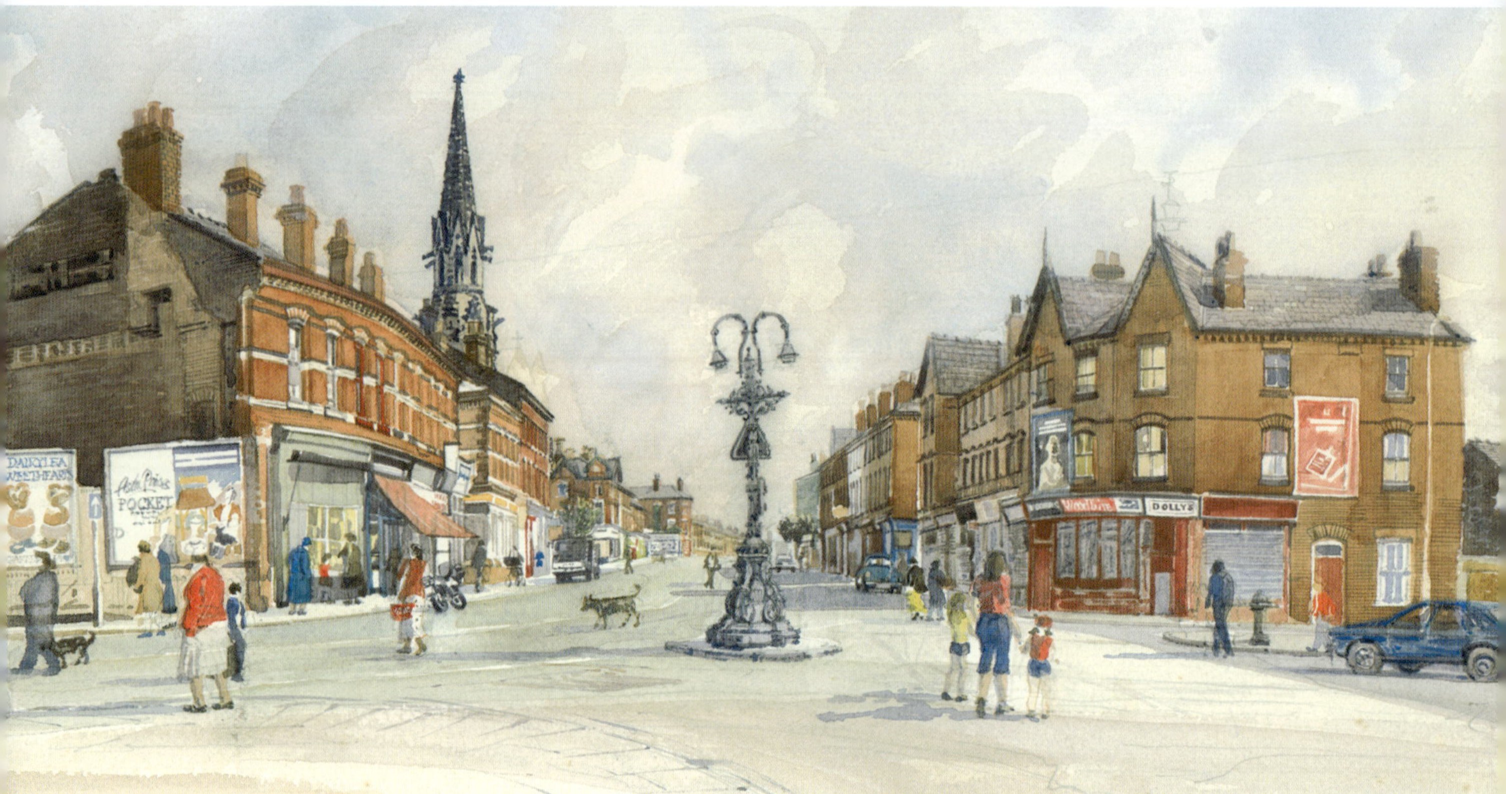

Breckfield Road North o Mere Lane, 1974
Breckfield Road North from Mere Lane, 1974

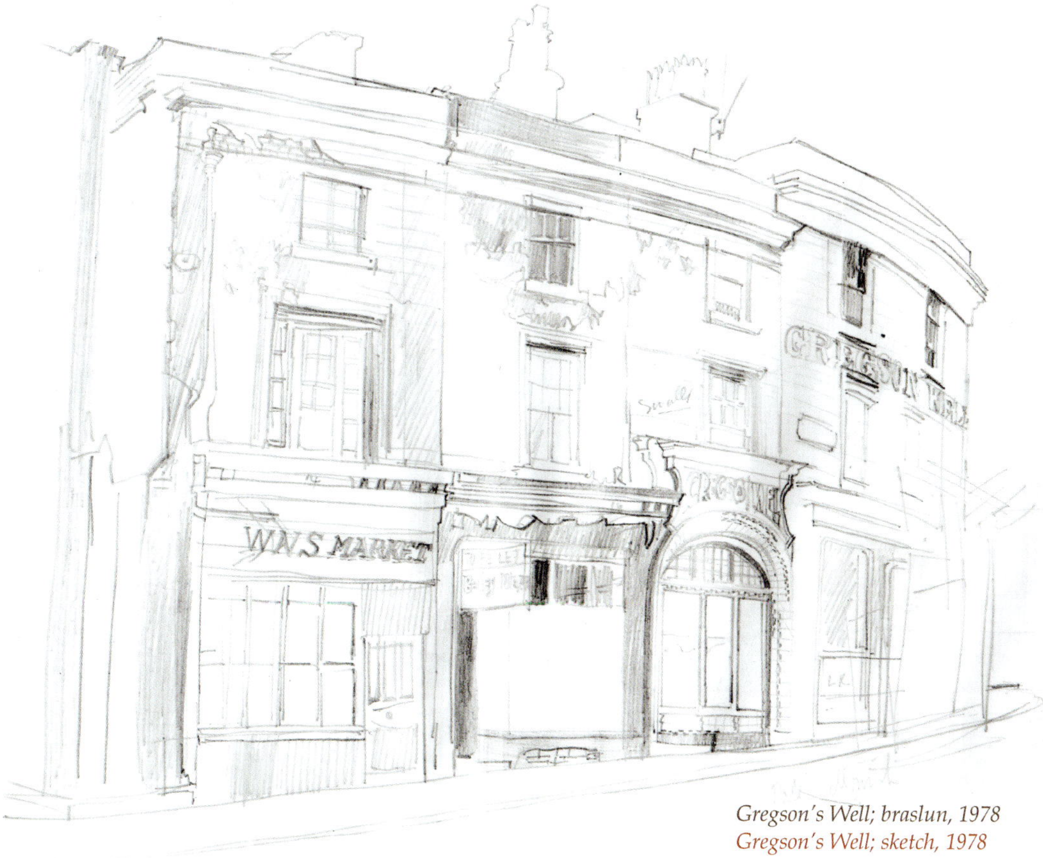

Gregson's Well; braslun, 1978
Gregson's Well; sketch, 1978

Frank's first shop where he sold his pictures was in Breckfield Road, in the area where Owen Williams, Bwlchtocyn, Abersoch (1861-1943) has built dozens of houses and various buildings. Among other notable builders from Wales were two from Llanrwst, David Roberts (1806- 1886) and Hugh Jones (1847-1940), William (Klondyke) Jones (1840-1918) from Llannerch-y-medd and builder and estate agents the Venmores (need year), also from Llannerch-y-medd on Anglesey, and the Williams Brothers (c. 1829- 1902) from Ysgubor Hen, Abererch in Llŷn. It's an extensive list. Today the legacy of this architectural heritage is under threat as Liverpool City Council plan to revamp streets and to develop large areas, such as those around Liverpool football ground.

Between 1970 and 1979 Frank worked among the streets and buildings that were being demolished documenting the changes that were taking place during that period. He spent time working as a conductor on buses no 25 and 30 and was an eyewitness to the disappearance of iconic buildings such as St Domingo's Church and the famous Gregson's Well pub (the spiritual home of the famous group 'Spinners').

Er iddo arbrofi gydag olew, roedd yn fwy ymarferol iddo ddefnyddio pastel a dyfrlliw gan ei fod yn paentio allan yn yr awyr agored ac yn brwydro yn erbyn yr elfennau a'r llwch. Mae manylder ei waith yn dod â'r strydoedd a'r adeiladau yn fyw ac yn real, a phan awgrymais wrtho ei fod yn cyfrif faint o friciau oedd ym muriau'r tai ar y stryd cyn gwneud y lluniau, nid gwadu a wnaeth ond crychu ei aeliau yn ddadlennol!

Although he experimented with working in oil it was more practical to use pastel and watercolours as he worked outside in-situ, battling the elements and demolition dust. The reality and detail in his paintings bring the streets buildings alive, and when I suggested to him that he must be counting the number of bricks in the walls of houses in a street before making the paintings, he did not deny, just crease his brow revealingly!

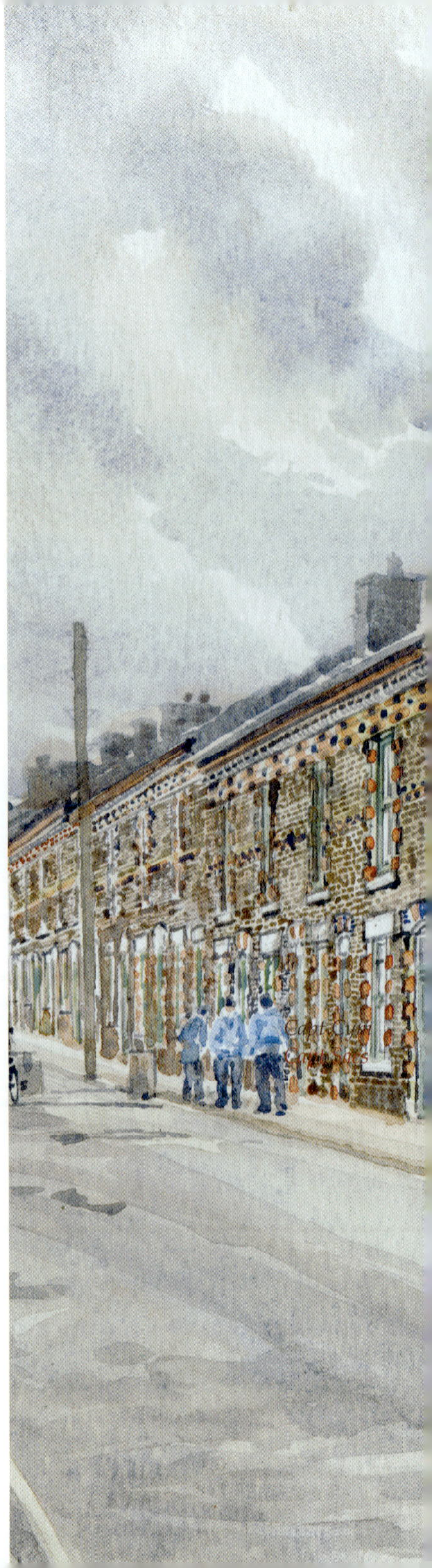

Venice Street, 2009

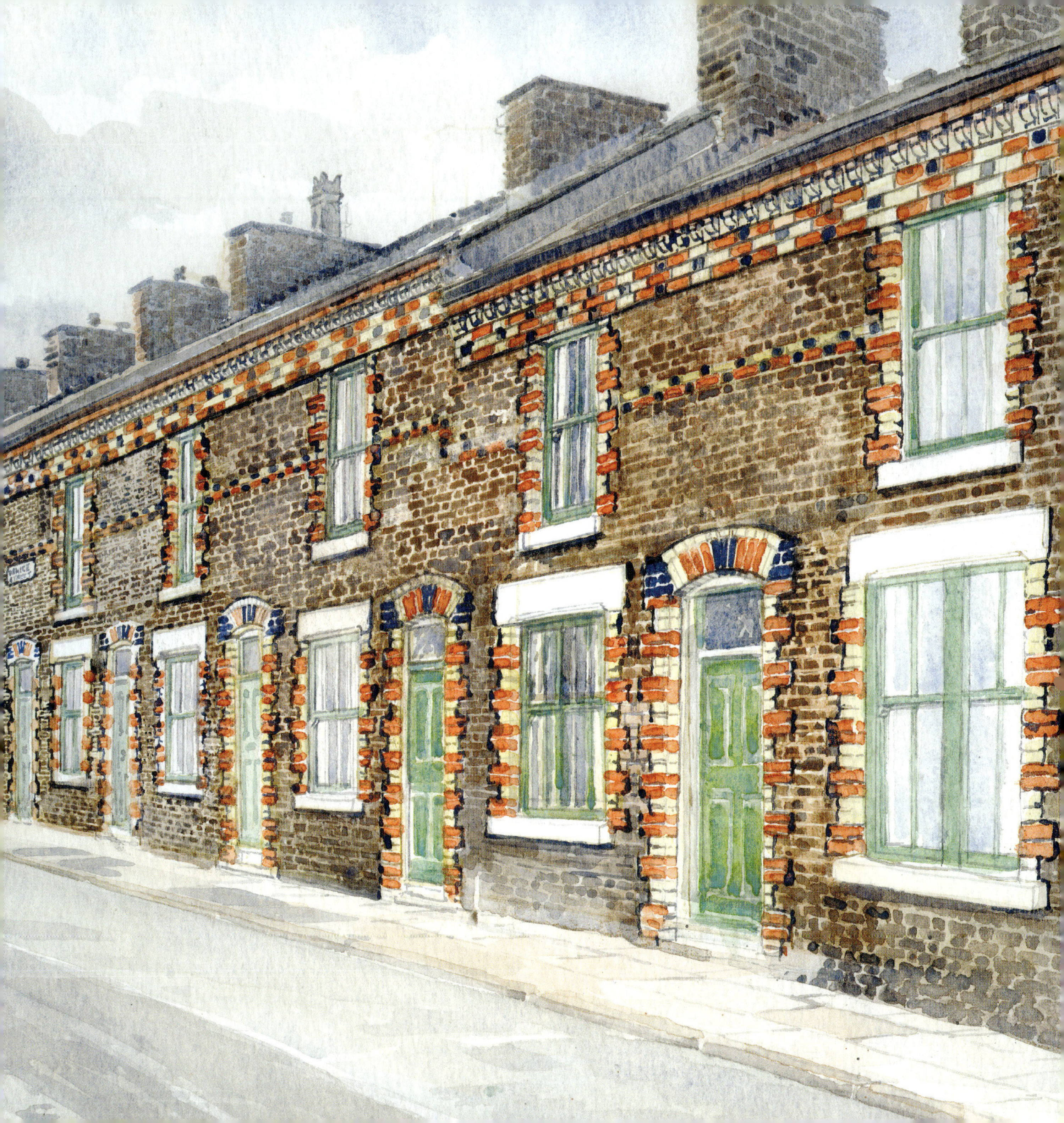

Wedi iddo ganoli'i fusnes yn Oakfield Road, cafodd Frank drefn ar ei waith gan ganolbwyntio ar werthu printiadau lliw a du a gwyn. Canolbwyntiodd ar wneud lluniau o adeiladau a golygfeydd parhaol y ddinas gan gynnwys lluniau gwefreiddiol o'r ddwy Eglwys Gadeiriol a Neuadd y Ddinas. Rhentodd siop o fewn datblygiad newydd Albert Dock er mwyn cyrraedd cynulleidfa ehangach a phaentiodd fwy o luniau o'r dociau ac afon Merswy. Dylid nodi mai Frank oedd y cyntaf un i gymryd uned werthu o fewn y datblygiad eiconig hwn ac oherwydd hynny daeth ei waith yn adnabyddus drwy'r ddinas. Am 17 mlynedd cadwodd y siop hon i gydredeg gyda'r siop ar Oakfield Road.

After he moved his business to Oakfield Road Frank was able to consolidate his work by focusing on selling black & white and colour prints. He focused on the well-known buildings and views of the city including stunning pictures of both Cathedrals and the City Hall. He took a shop within a new Albert Dock development in order to reach a wider audience and painted more pictures of the docks and the river Mersey. It should be noted that Frank was the first one to take a retail unit within this iconic development and as a result his work became well known throughout the city. For 17 years he kept this shop open alongside his studio and shop on Oakfield Road.

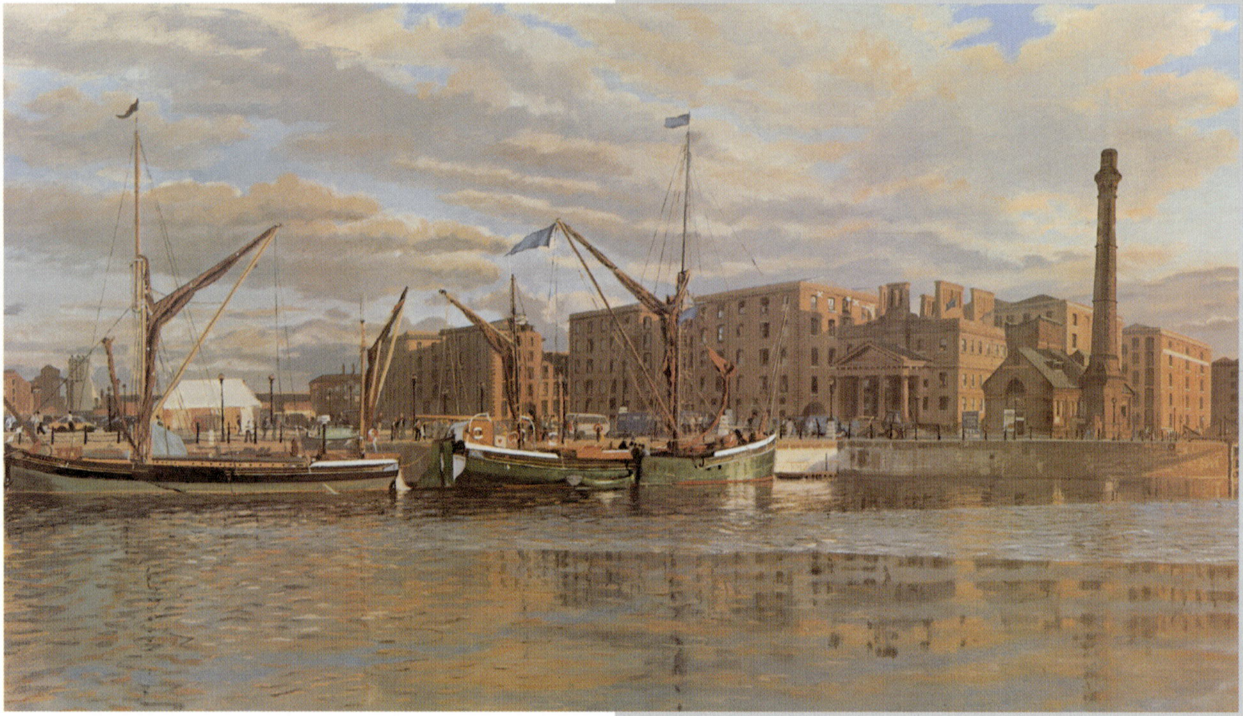

Albert Dock; olew, 1984
Albert Dock; oil, 1984

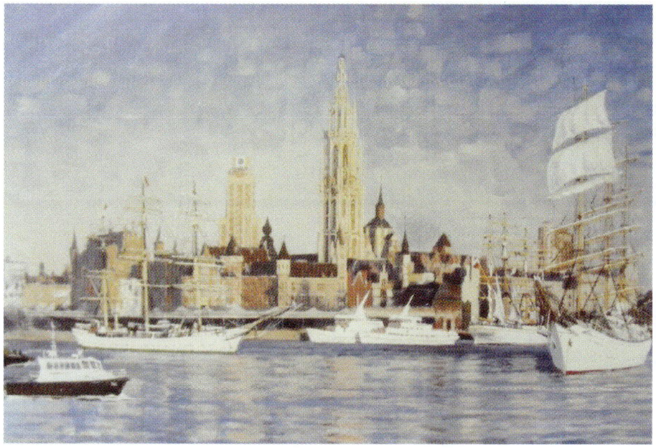

Llongau Tal, Antwerp; acrilig, 1993
Tall Ships, Antwerp; acrylic, 1993

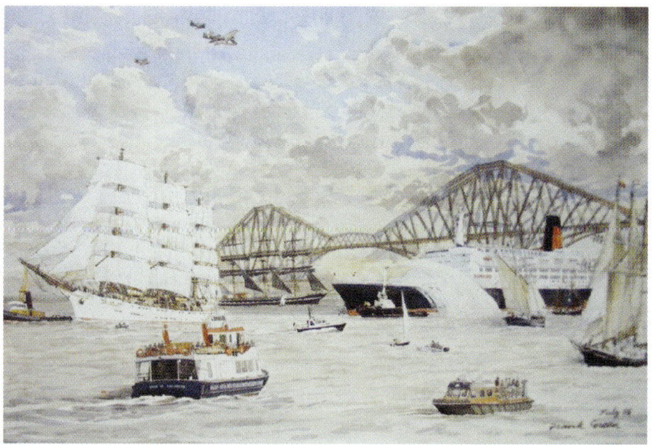

Llongau Tal Afon Forth, 1995
Tall Ships, Firth of Forth, 1995

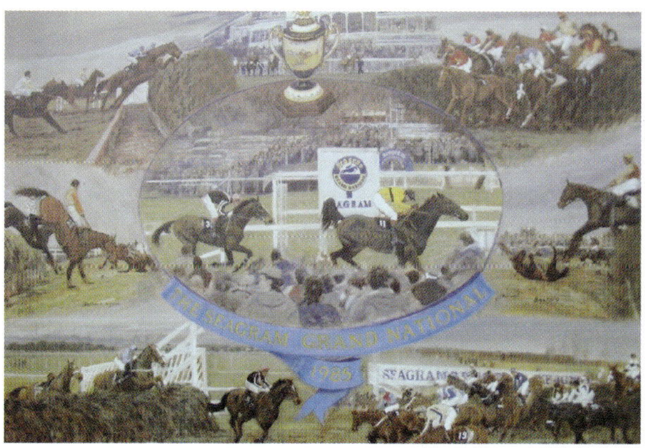

O dro i dro, mae gwaith Frank wedi gwyro i gyfeiriadau gwahanol. Rhwng 1984–95 cafodd gyfnodau yn paentio hen longau ar afon Merswy a mannau eraill yn Ewrop oedd yn cymryd rhan yng nghystadlaethau rasio y Llongau Tal a rhwng 1995 ac 1998 rhoddodd lawer o sylw i geffylau rasio y Grand National yn Aintree wrth iddo gael comisiwn i ddarlunio llyfr am y ras. Mae'r manylder yn y lluniau hyn yn rhyfeddol.

Occasionally Frank's work has veered in different directions. Between 1984-95 he painted the sailing ships that were competing in the Tall Ship races on the Mersey and further afield between 1995 and 1998 he paid considerable attention to the Grand National racehorses at Aintree as he had a commission to illustrate a publication on the race. The detail in these pictures is remarkable.

Ceffylau'r Grand National; olew, 1985 & 1986
Grand National Horses; oil, 1985 & 1986

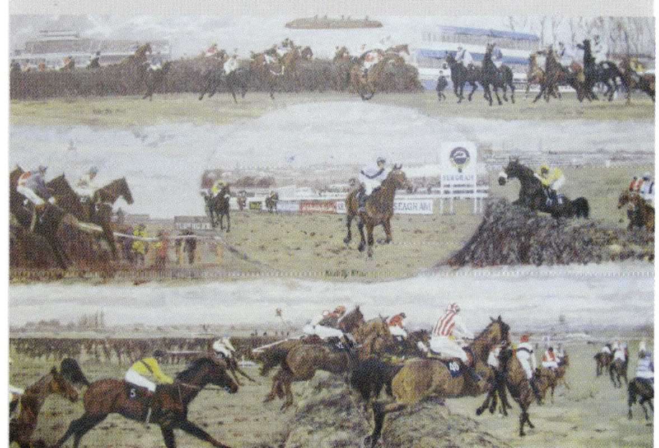

Ond fe saif ei luniau o'r strydoedd a'r adeiladau sydd wedi'u dymchwel o gwmpas ardal Anfield ac Everton fel cofnod hanesyddol unigryw o gymeriad yr hen ddinas. Mae'r gyfrol hon yn cyfleu cyfanwaith ei atgofion a'r mannau hynny sydd wedi gadael gymaint o'u hôl ar ei ddawn a'i gymeriad unigryw.

His pictures of the streets and buildings that have been demolished around the Anfield and Everton area are a unique historical record of the character of the old city. This book conveys his memories and the places that made such an impression on his unique character and talent.

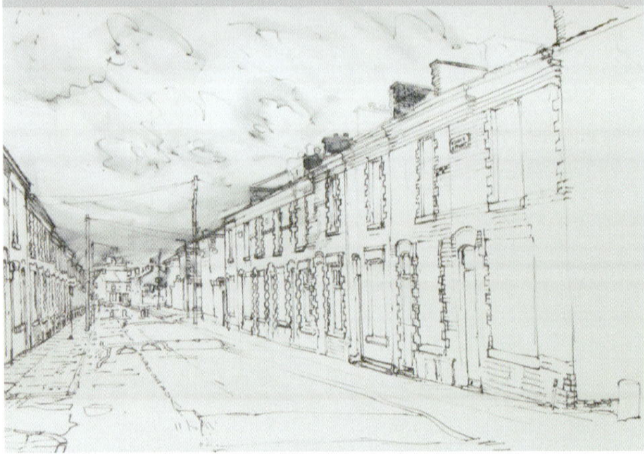

Venice Street; braslun ffelt pen a dyfrlliw, 2010
Venice Street; felt pen sketch and watercolour, 2010

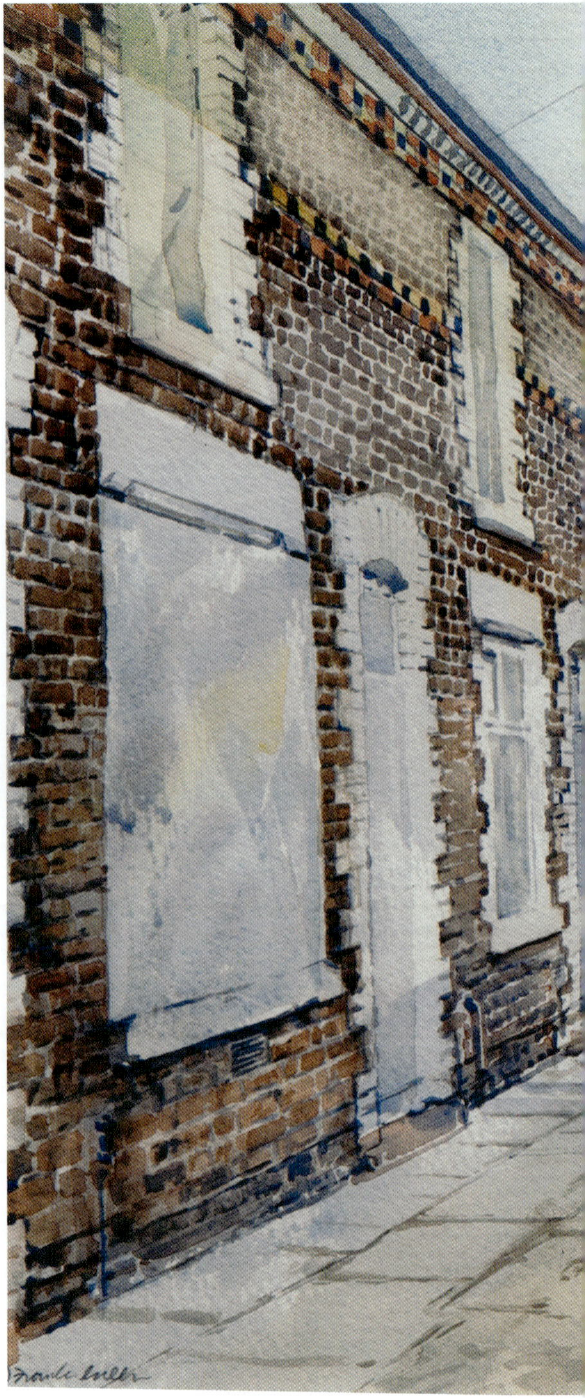

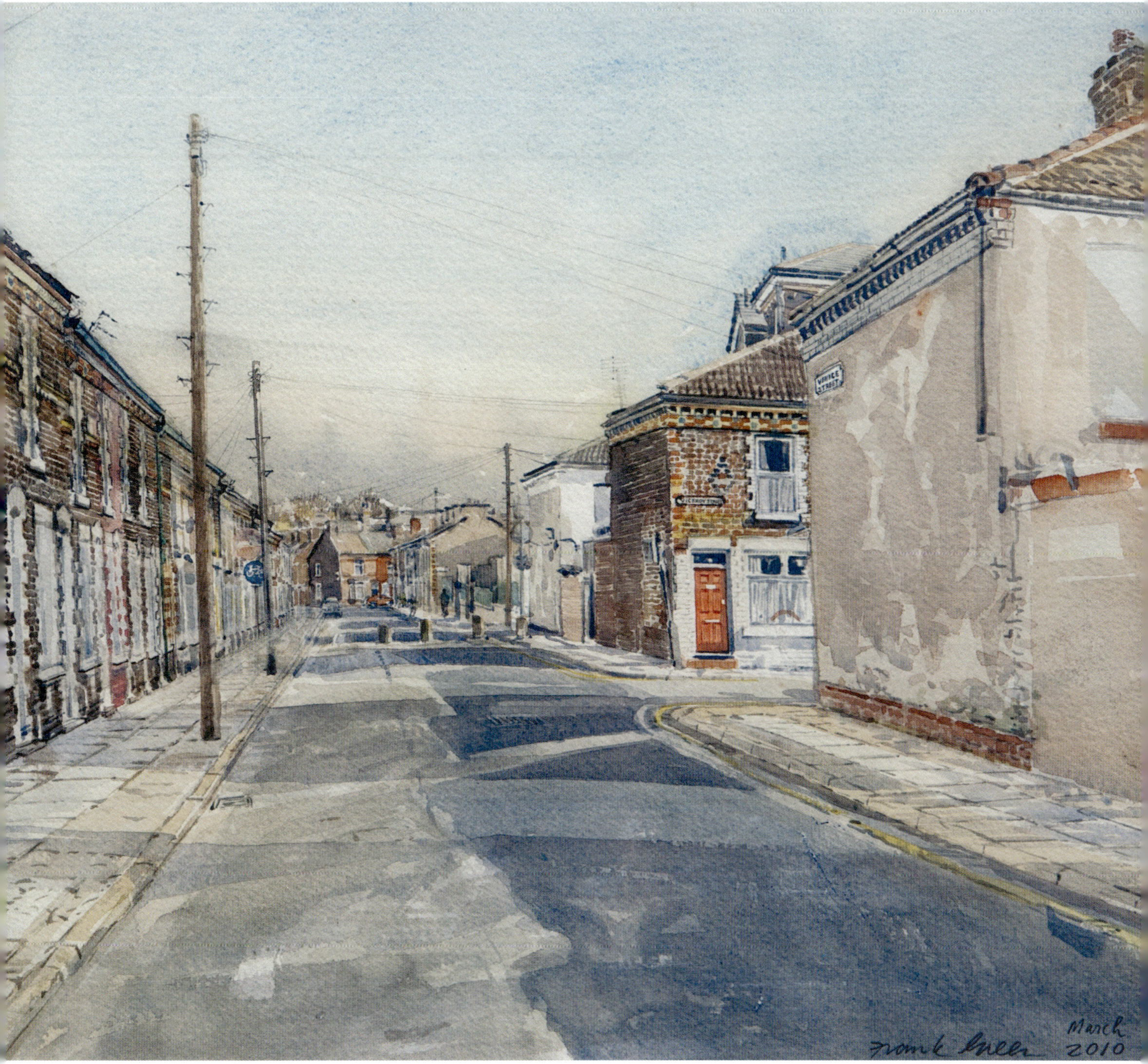
March
2010

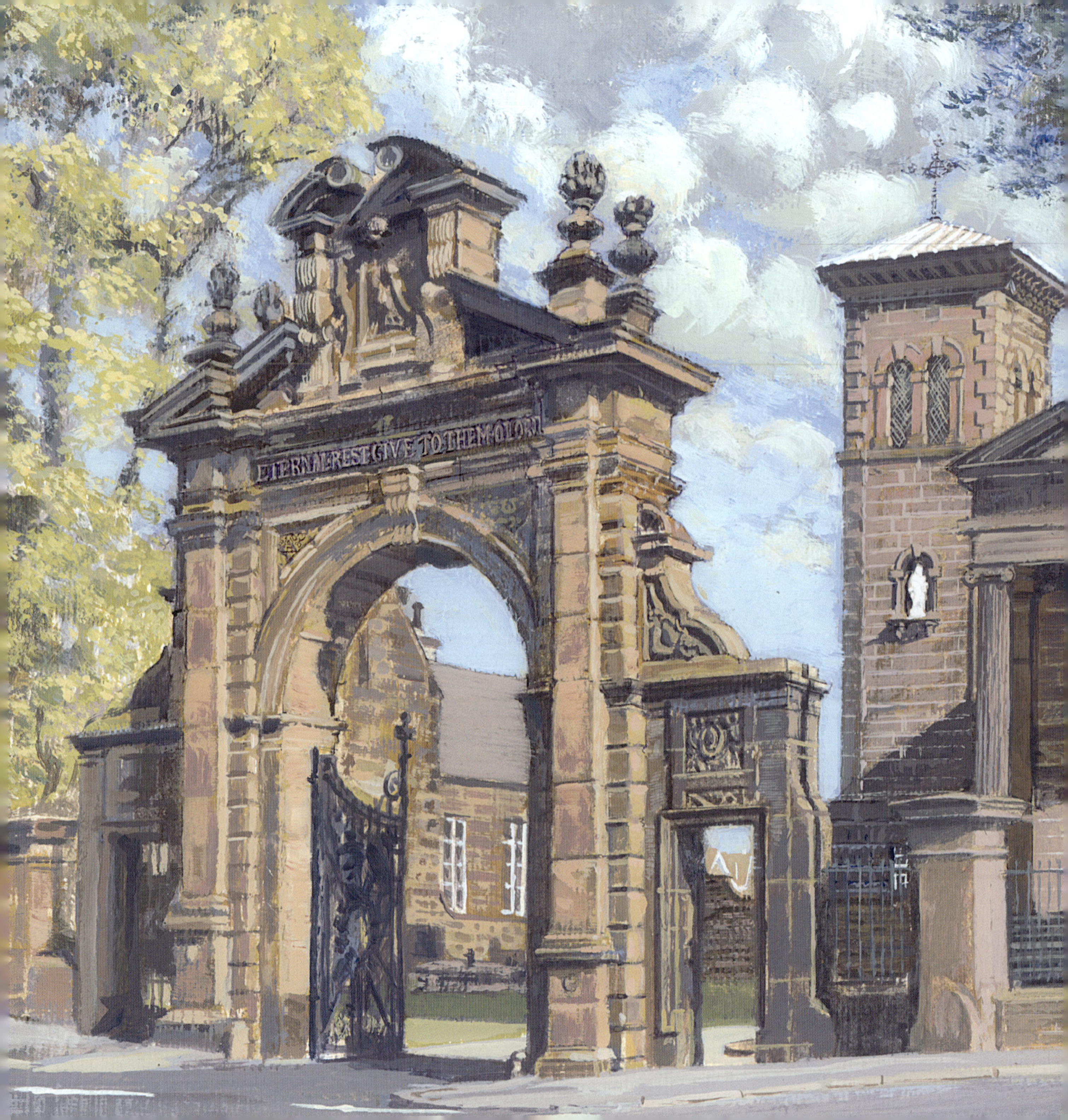
ETERNAL REST GIVE TO THEM O LORD

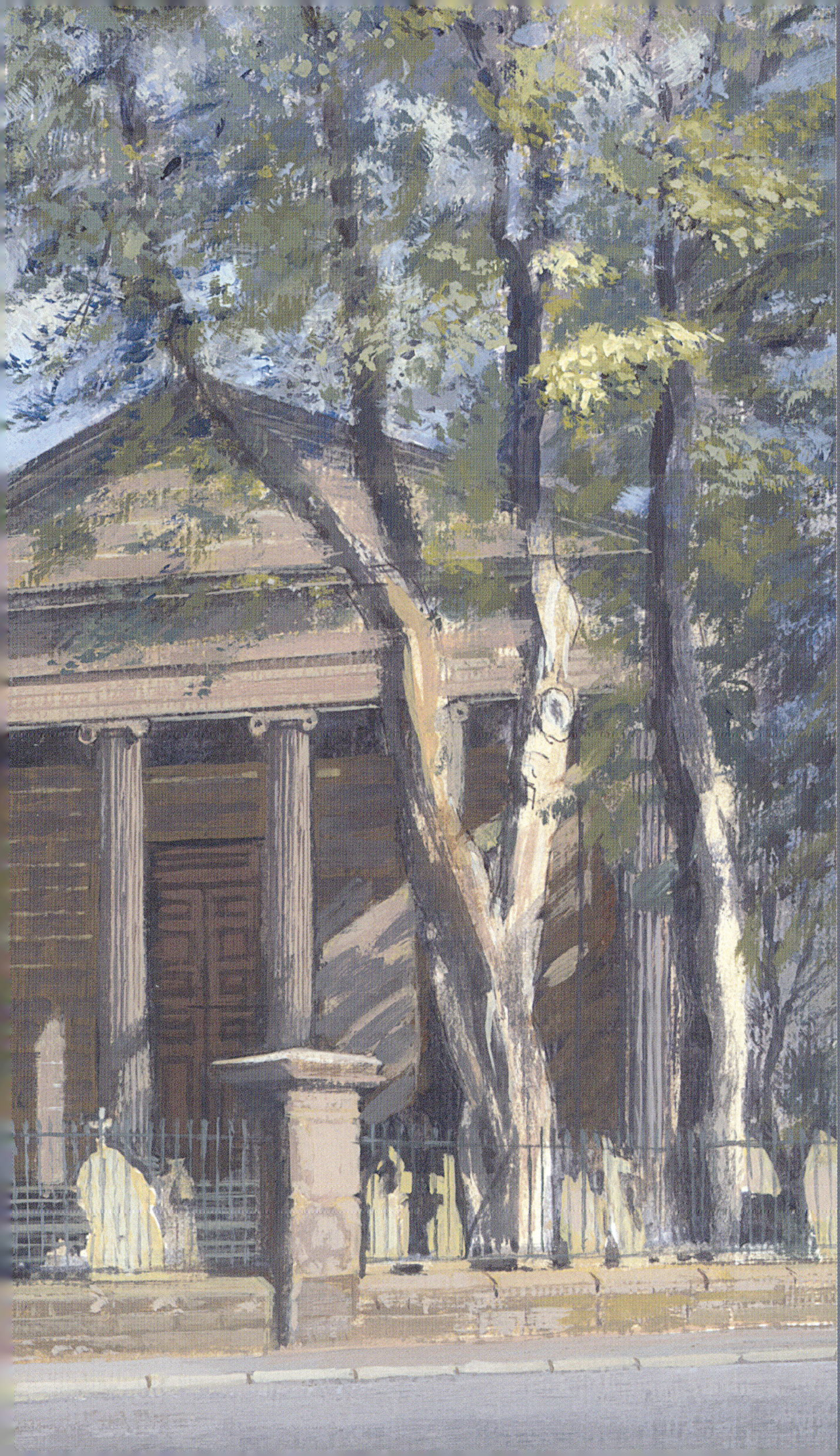

Cronoleg

Chronology

St Bartholomew's, Whiston, 2002

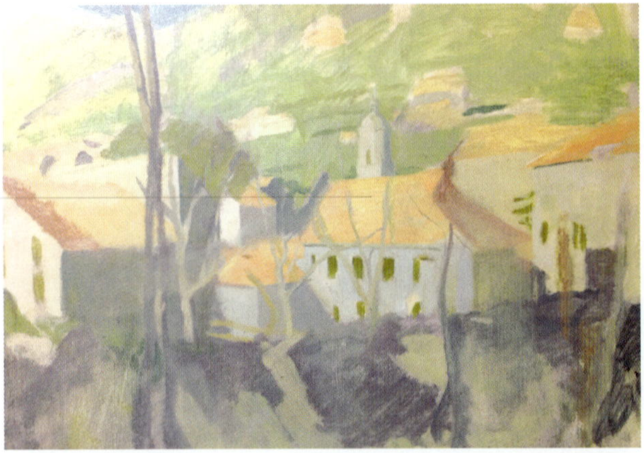

Ostello; olew, 1965
Ostello; oil, 1965

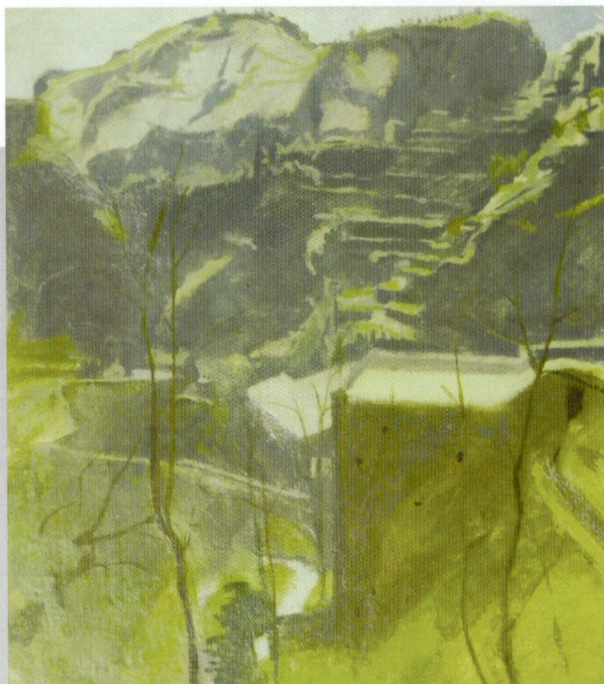

Dyffryn y Melinau, Ravello; olew, 1965
Valley of the Mills, Ravello; oil, 1965

Wedi gadael y coleg celf yn 1965, enillodd Frank y *Liverpool Council Travelling Scholarship* a threuliodd dri mis yn paentio yn Agerola uwch arfordir Amalfi. Mae'r gwaith o'r cyfnod hwn yn lliwgar a rhydd. Dysgodd Eidaleg tra oedd yno.

Aeth yn ôl i'r Eidal yn 1968 gyda ffrind coleg – y ddau yn teithio a chysgu mewn hen ambiwlans las o Southport – ac aros yn ardal Labro am y rhan fwyaf o'r cyfnod. Daw ei natur ymchwiliol i'r amlwg fel y dywed Gwynfor Ellis, o Fynytho, un o'i ffrindiau o'r Coleg Celf "Roeddech yn gallu gweld sut yr oedd Frank yn datblygu'r gallu i sylwi'n fanwl; i edrych a chanolbwyntio a dyfalbarhau gyda phwnc. Roedd hyn yn cael ei bwysleisio yn y gwersi lluniadu corff - edrych, sylwi manwl, ymchwilio."

On leaving the Art College in 1965 Frank won the *Liverpool Council Travelling Scholarship* and spend three months painting in Agerola above the Amalfi Coast. The work form this period is lush and free.

He returned to Italy in 1968 with a college friend – the two travelling and sleeping in an old blue Southport ambulance – and staying most of the time near Labro. His enquiring nature became evident here, as Gwynfor Ellis, from Mynytho nr Pwllheli, one of his old college friends says, "You could see how Frank developed the ability to observe; to look and focus on the details and persevere with a subject. This was drilled to us in the life-drawing classes - look, observe, research."

Mae'i ymdriniaeth dyddiol o'r un bryn, L'Eco di Piediluco, a thirlun Labro o'i gwmpas, yn gyflwyniad i'r hyn a welwn yn ddiweddarach yn Lerpwl.

Roedd Frank wedi rhentu stiwdio yn Siambrau'r Bluecoat o 1966 i 1968, ac yn 1969 arddangoswyd ei waith o'r Eidal. Cyhoeddwyd llun Frank yn y papurau lleol yn ei wisg condyctor bws!

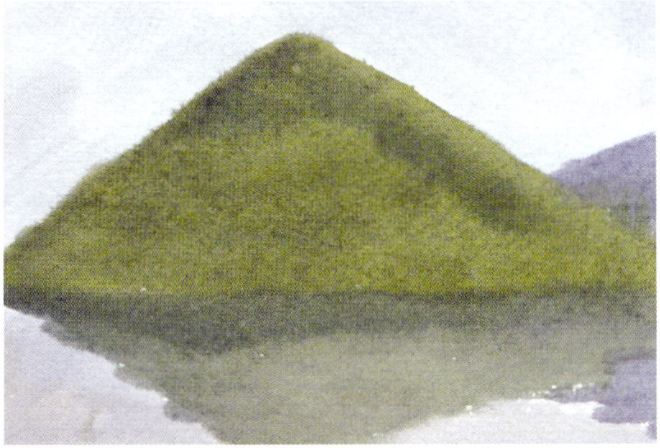

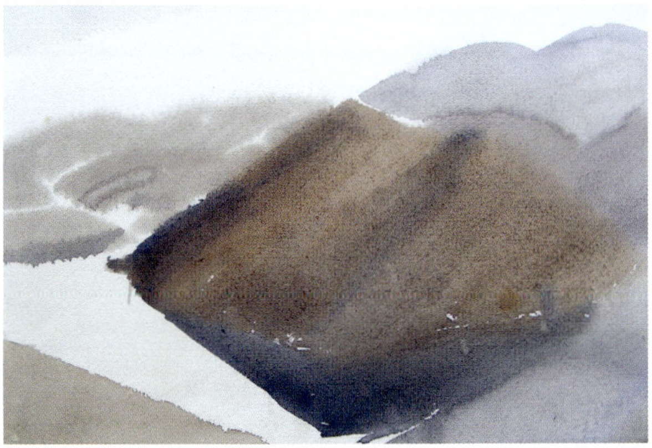

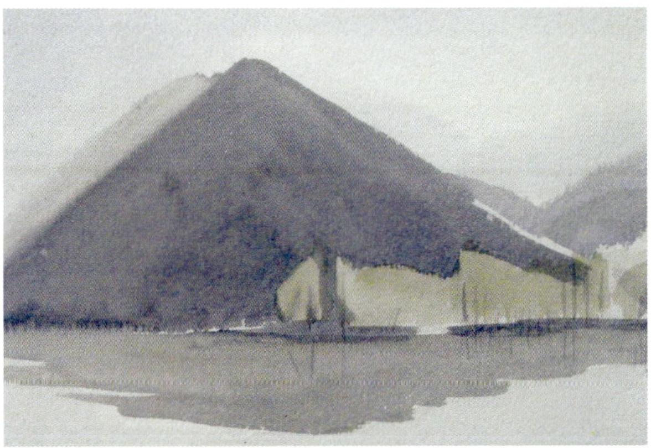

L'Eco di Piediluco, 1968

The way he concentrated daily on the same hill, L'Eco di Piediluco, and the surrounding Labro landscape, is an introduction to his later work in Liverpool.

Frank had taken a studio at the Bluecoat Chambers from 1966 to 1968, and in 1969 they exhibited his work from Italy. Frank was pictured in the local papers in his bus conductor uniform!

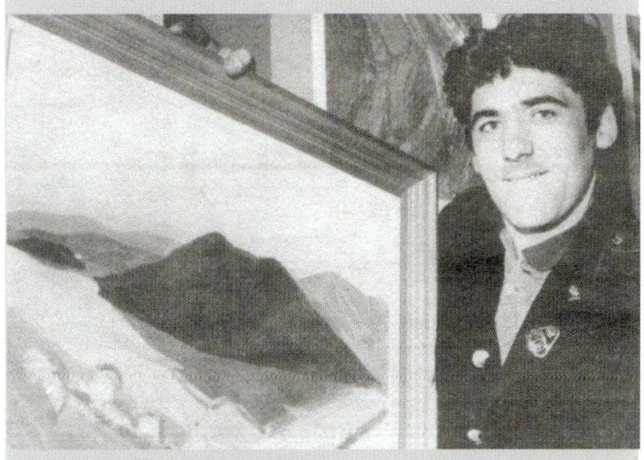

Frank Green, Bluecoat, 1969
Frank Green, Bluecoat, 1969

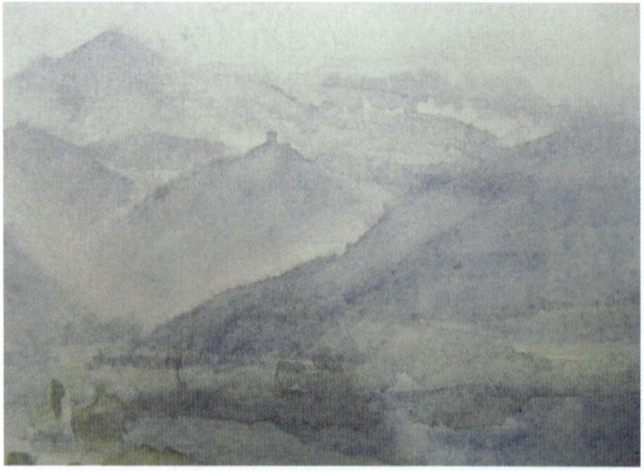

Mae'r tirluniau ysgafn, golau o gwmpas Labro yn teimlo fel gwrthgyferbynaid mawr i'r holl ddymchwel yr aeth ati i'w gofnodi yn Lerpwl ond roedd yn mireinio'i grefft o edrych a sylwi'n fanwl.

The softly coloured landscapes around Labro in Umbria seem a world away from the starkness of the demolition sites he would document in Liverpool but he honed the craft of looking and observiation.

Labro, Piediluco 1968

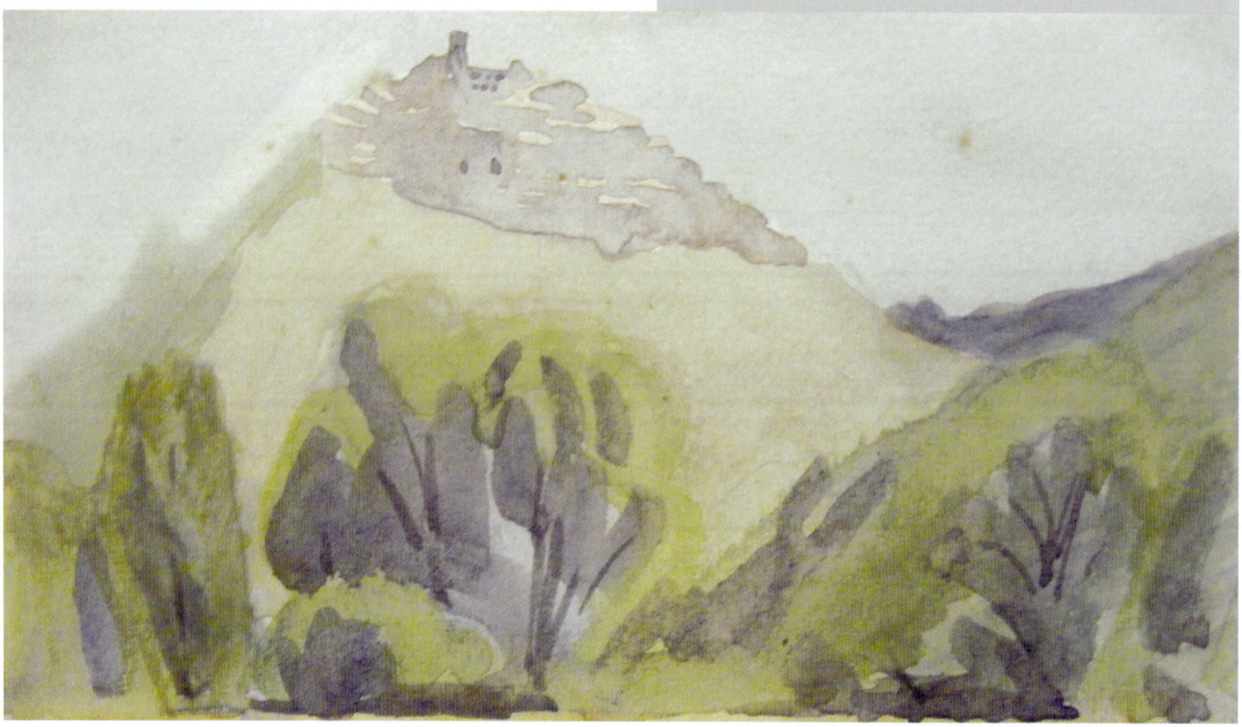

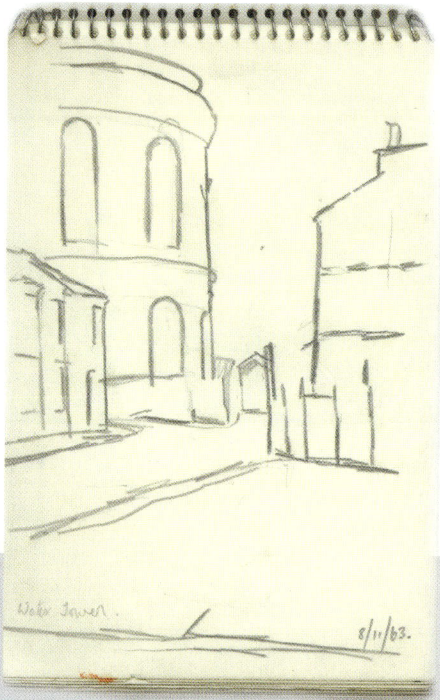

Y Tŵr Dŵr; braslun, 1963
The Water Tower; sketch, 1963

Mae'r brasluniau hyn a wnaed tra oedd yn y coleg ymysg y gwaith cynharaf gan Frank i ganolbwyntio ar nodweddion yn Lerpwl. Y Tŵr Dŵr yn Everton yw'r adeilad cyntaf iddo fynd ati o ddifrif i'w gofnodi. Byddai'n dychwelyd ato dro ar ôl tro yn ei waith. Mae'r ddau fraslun mewn llyfryn bach yn dyddio o 1963. Mae Daniel Owen yn cyfeirio at fod yn ardal y Tŵr Dŵr a Queen's Road yn Everton yn un o'i nofelau.

Roedd Frank yn gweithio yn rhan-amser ond ar 1af Ionawr 1970, rhoddodd y gorau i'r gwaith i fynd ati i baentio yn llawn amser oherwydd fod yr adeiladau yn diflannu o flaen ei lygaid ac roedd yn teimlo'r rheidrwydd i'w cofnodi.

These sketches are among Frank's first observations of Liverpool done while he was still at college with the Water Tower in Everton being the first building that he set out to specifically document and one that he would return to time and time again in his work. Both are in a sketchbook dated 1963. The Welsh novelist Daniel Owen refers to being in the Queen's Road and Water Tower area of Everton in one of his novels.

Frank had been working part-time but on 1st January 1979, he started to paint full-time because the buildings were literally disappearing in front of his eyes and he felt compelled to document them.

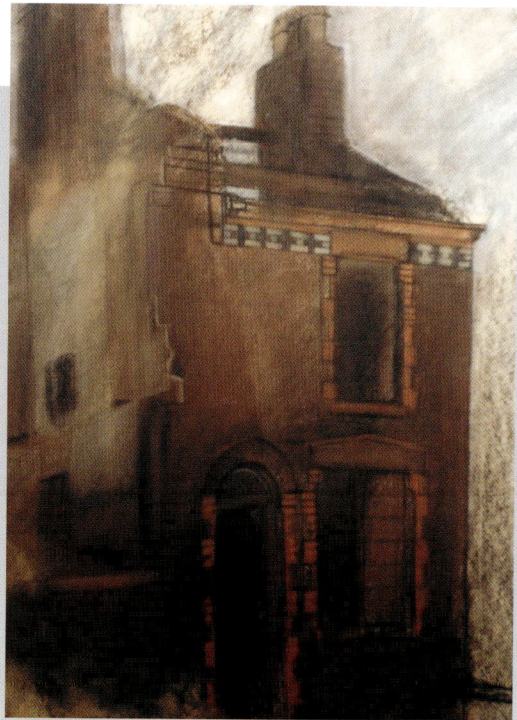

Tŷ yn cael ei ddymchwel, Joshua Street; sialc, 1971
House being demolished, Joshua Street; chalk, 1971

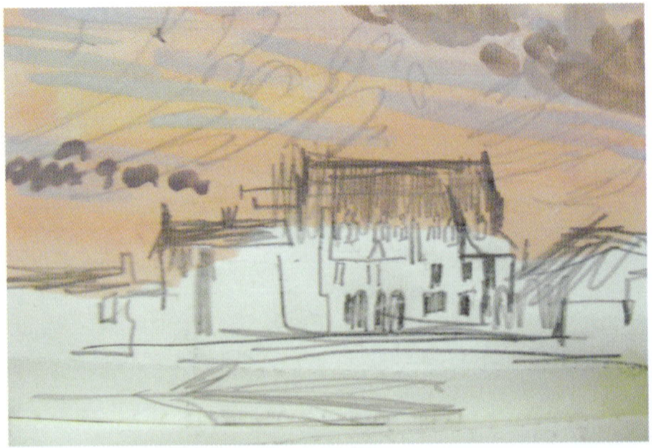

Rutland Street; braslun pensil a dyfrlliw, 1974
Rutland Street; pencil and waterolour sketch, 1974

Cwta gant oed oedd llawer o'r tai oedd yn cael eu dymchwel. Roedd y rhain ymysg y tai teras cyntaf i'w hadeiladu yn Lerpwl gyda llawer yn ffrwyth llafur adeiladwyr o Gymru, gyda briciau o ogledd-ddwyrain Cymru Môn a thoeau o lechi Cymreig. Roedd ithfaen o Gymru hefyd wedi'i ddefnyddio i greu'r pafinau.

Byddai Frank yn gweithio ar yr union safle gan ddefnyddio creions conte neu ddyfrlliw gan amlaf er mwyn gallu gweitho'n gyflym i geisio cael blaen ar y dymchwel.Gan ei fod mor agos, yn llawer nes nag y byddai'n cael mynd heddiw, byddai'r llwch a'r cerrig mân yn disgyn ar y gwaith gan wneud gweithio gydag olew yn amhosib. Byddai hyd at ugain o griwiau dymchwel yn gweitho ar un adeg ac yn aml roedd gan Frank hyd at dri deg o baentiadau ar y gweill yr un pryd gan y byddai pobl yn rhuthro ato i fynnu ei fod yn cofnodi eu stryd nhw "cyn iddi fod yn rhy hwyr".

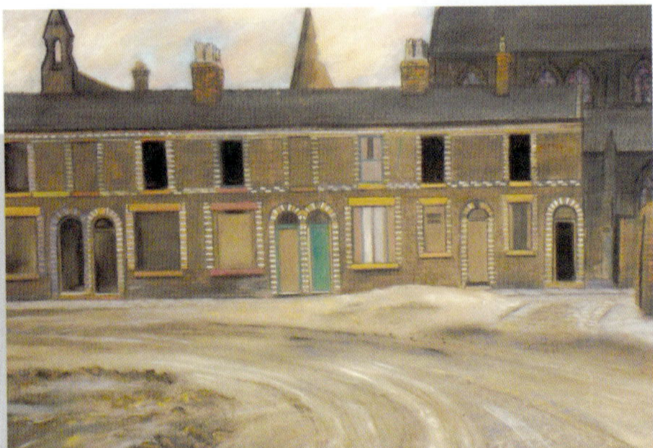

Rutland Street; conte, 1974
Rutland Street; conte, 1974

Many of the demolished houses were barely a hundred years old but there was a desire for bigger houses with modern conveniences. These were among the first terraced houses to be built in Liverpool with many of them built by Welsh builders with bricks from north-east Wales and Anglesey and Welsh slate roofs. Granite from Wales had also been used to build the pavements.

He would work on site, working with conte pastel or watercolour so he could work quickly to match the speed at which the buildings would disappear but also as he was so close to the action, much closer than he would be allowed today, the building dust and debris would settle on his work so working with oils proved impossible. There would often be up to twenty demoition teams working at any time with Frank having up to thirty paintings on the go as people would insist that he came to work on their street "before it was too late."

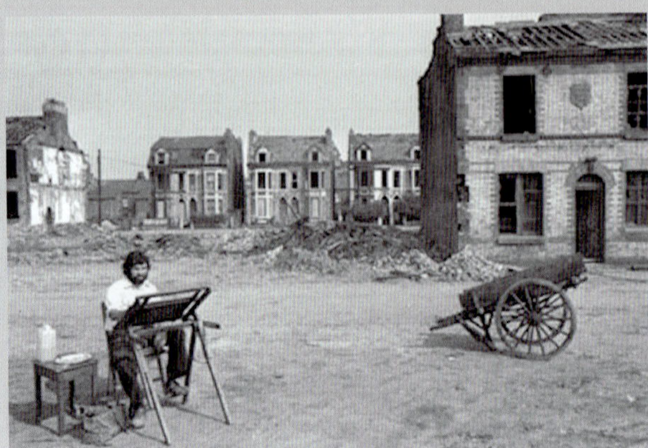

Tynnwyd y llun eiconig hwn o Frank wrth ei waith yn y strydoedd gan Stephen Shakeshaft o'r Liverpool Daily Post & Echo ar ddechrau'r 70au.
This iconic photograph of Frank at work in the streets was taken by Stephen Shakeshaft of the Liverpool Daily Post & Echo in the early 70's.

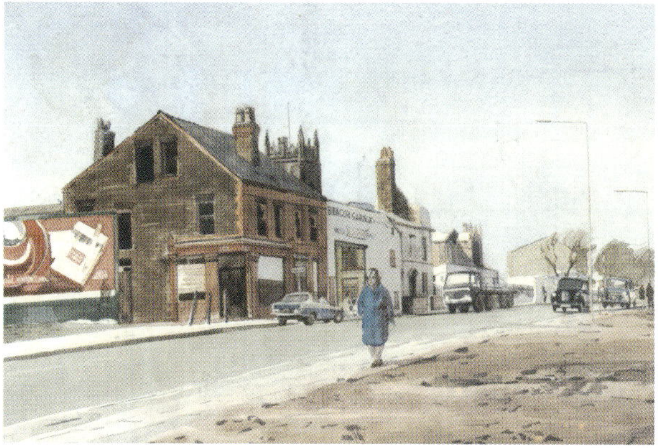

Beacon Garage, Heyworth Street, 1973

Roedd y mwyafrif o'r strydoedd a'r adeiladau roedd Frank yn gweithio arnynt yn y cyfnod yn ardaloedd Everton, Anfield a Walton, yn agos i'r fan lle roedd wedi sefydlu stiwdio a siop yn Breckfield Road North ar ôl iddo adael y Bluecoat. Roedd symud yma yn golygu fod ganddo ffenest siop oedd yn gweithredu fel oriel i ddangos ei waith diweddaraf. Byddai pobl yn dod draw yn rheolaidd i weld pa strydoedd neu adeiladau y byddai wedi'u darlunio gan chwilio am rai oedd yn gyfarwydd iddynt.

Roedd cysylltiadau â Chymru yn gyffredin yn yr ardal ar y pryd. Roedd chwaer perchennog y Beacon Garage yn cadw tafarn y Lion yn Nhudweiliog ac yn yr adeilad brown yn y darlun isaf roedd meddygfa dau feddyg teulu o Gymru, Dr Glyn Morris ac yn ddiweddarach, Dr Tudur Thomas.

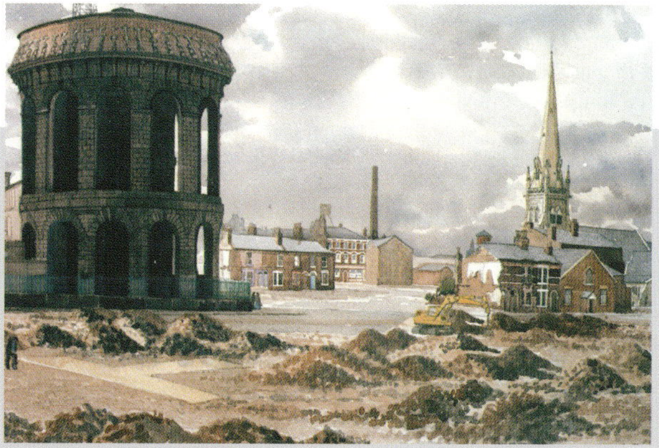

Y Tŵr Dŵr a St Chrysostom's 1972
Water Tower and St Chrysostom's 1972;

Most of the streets and buildings that Frank worked on during this time were in and around the Everton, Anfield and Walton areas, close to where he had established a studio in Breckfield Road North having left the Bluecoat. The move here meant that he had a shop window that served as a gallery where he could show his latest work. People would visit regularly to see which streets or buildings he had painted, looking out for the ones they were familiar with.

Welsh connections were commonplace in the area at the time. The sister of the proprietor of the Beacon Garage kept a pub in Tudweiliog and the brown building with the bay window in the lower image housed the surgery of two GP's from Wales, Dr Glyn Morris and later Dr Tudur Thomas.

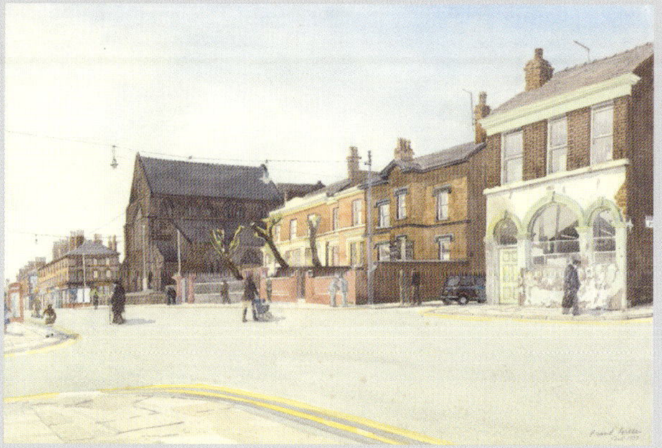

Breckfield Road North a St Saviour's, 1977

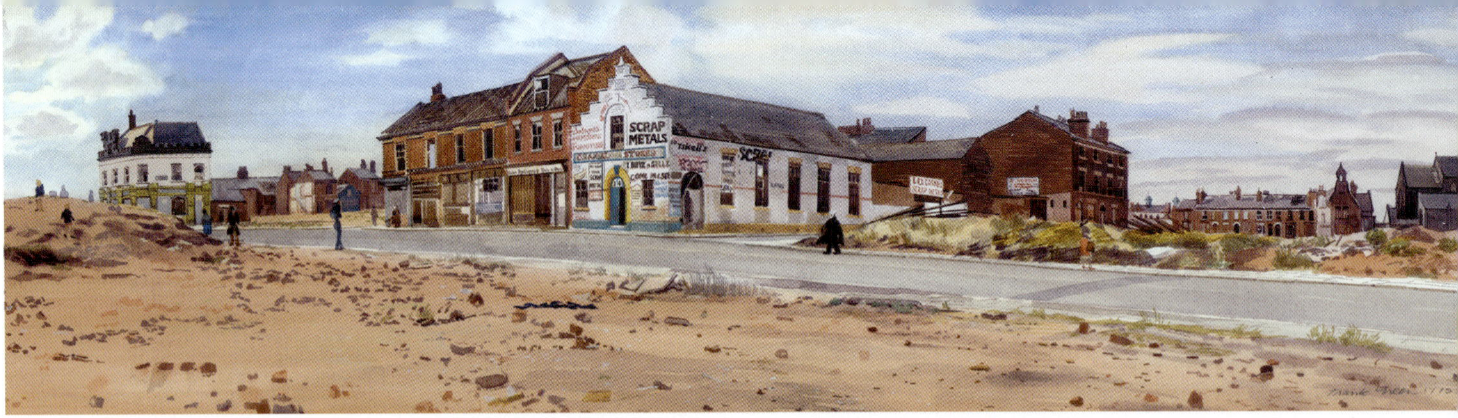

Gaskell's Scrap & The Castle pub, Baines Place, Breckfield Road, 1975

Roedd Gaskell's Scrap yn Breck Road wedi dod yn enwog gan iddynt sefydlu iard sgrap mewn cragen hen eglwys y Fyddin Iachawdwriaeth. Gellir gweld Rutland Street ar y dde.

Gaskell's Scrap in Breck Road became well known as they had established their yard in the shell of a former Salvation Army citadel. Rutland Street can be seen to the right.

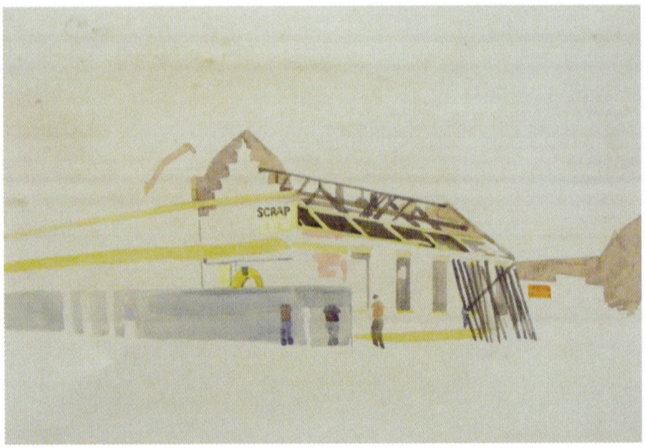

Gaskell's Scrap; braslun, 1975
Gaskell's Scrap; sketch, 1975

Dywed yr artist Gareth Griffith o Fynydd Llandegai, un arall o gyfoedion Frank o'r coleg ddaeth yn gyfaill oes:
"Y paentiad cyntaf i mi ei gofio gan Frank o Lerpwl oedd Llyfrgell Picton. Roedd ynddo egni aruthrol ac ymrwymiad â phwnc a ddaeth yn alwad oes. Mae Frank yn ddyn Lerpwl i'r carn ac mewn ffordd, y pwnc a ddarganfyddodd yr arlunydd yn ei achos ef."

Another fellow student who became a life-long friend, artist Gareth Griffith from Mynydd Llandegái says of Frank:

"The first painting of Liverpool I remember of Frank's was of Picton Library. It had terrific energy and engagement with the subject, which was for him to become his life's work. Frank is Liverpool through and through and in a way his subject found him."

Yr olygfa at Dwnnel Merswy o Lyfrgell Picton; olew, 1967
The view towards the Mersey Tunnel from Picton Library; oil, 1967

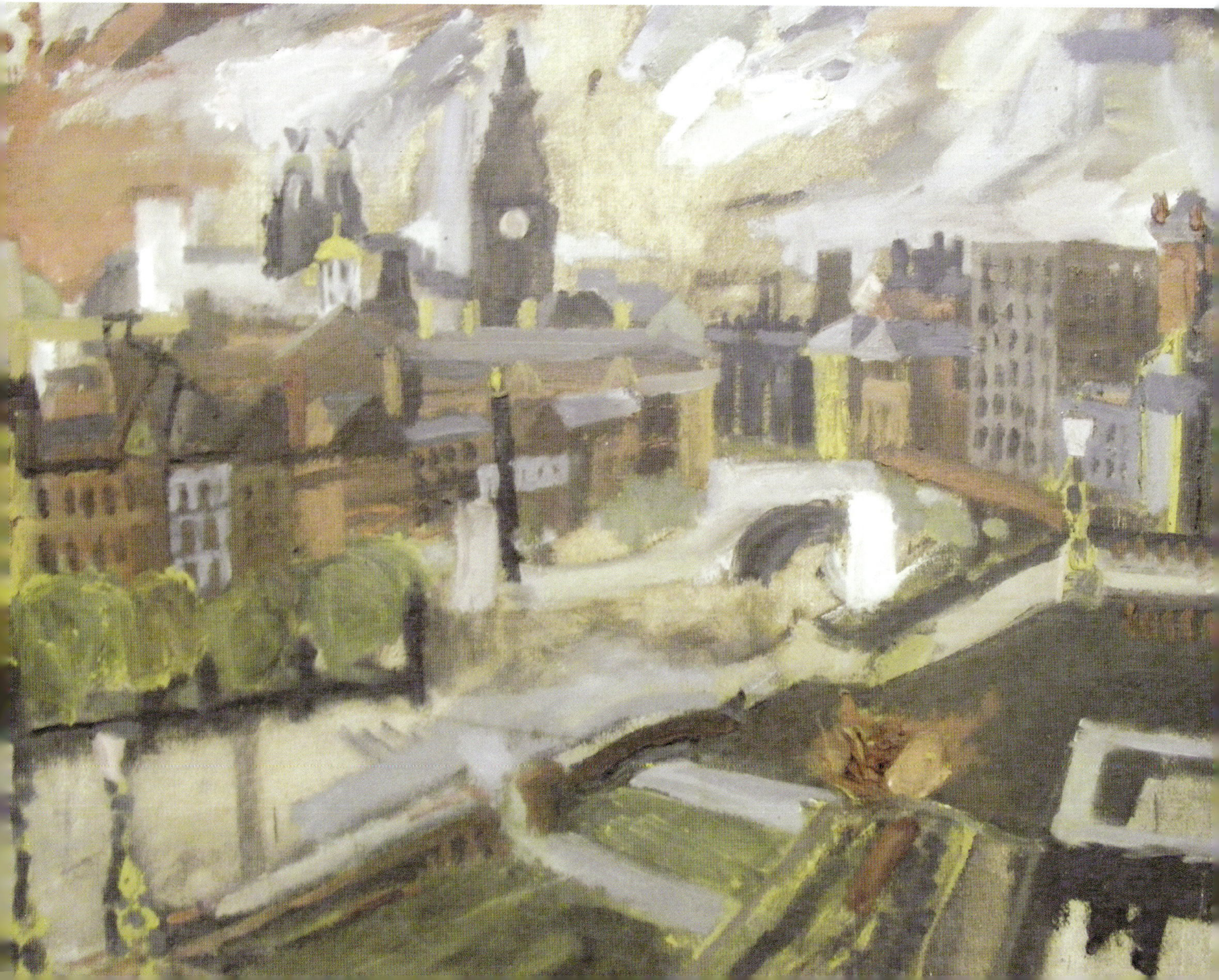

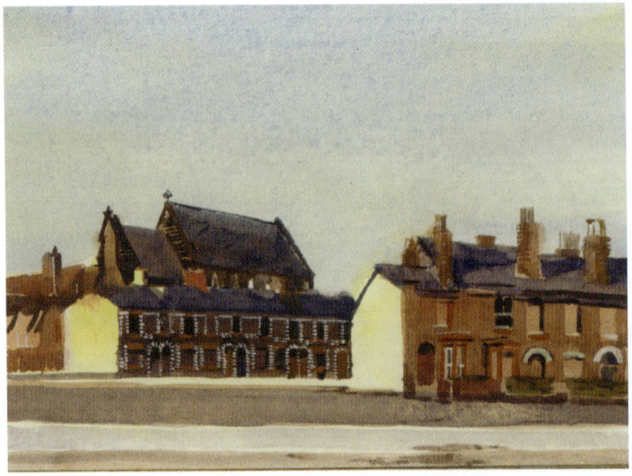

Rutland Street, 1974

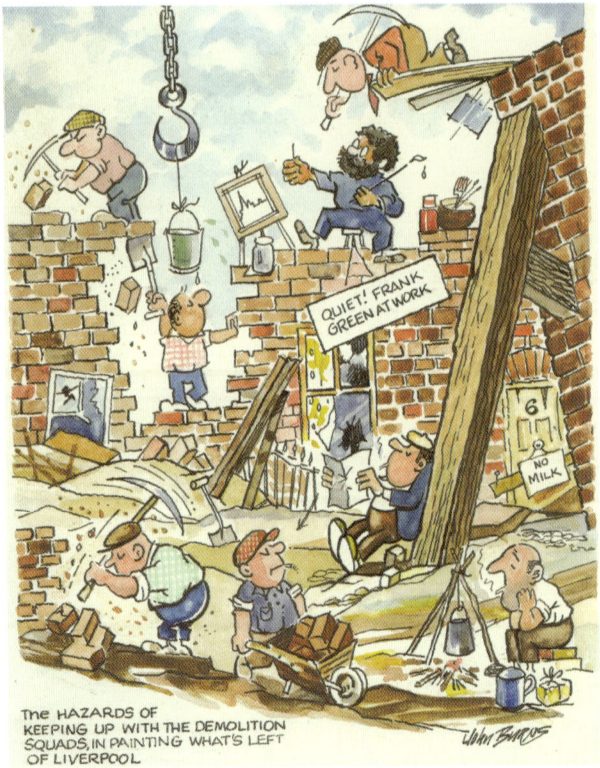

Cartŵn o Frank gan John Burns o Douglas Road
Cartoon of Frank by John Burns of Douglas Road

Mae tudalen yn un o lyfrau braslunio Frank o'r 70au cynnar yn cynnwys llythyr a sgwennodd Frank at Eric Heffer, Aelod Senedddol Walton ar y pryd, i leisio ei siom yn erbyn y chwalfa anferthol. Gwelwn oddi wrth y cartŵn fod Frank yn dod yn eithaf enwog am yr hyn oedd yn ei wneud!

A page from one of the sketchbooks from the early 70's shows a letter Frank was drafting to send to Eric Heffer, then MP for Walton, to express his dismay at the extend of the demolition. We see from the cartoon that Frank was gaining quite a reputation for what he was doing!

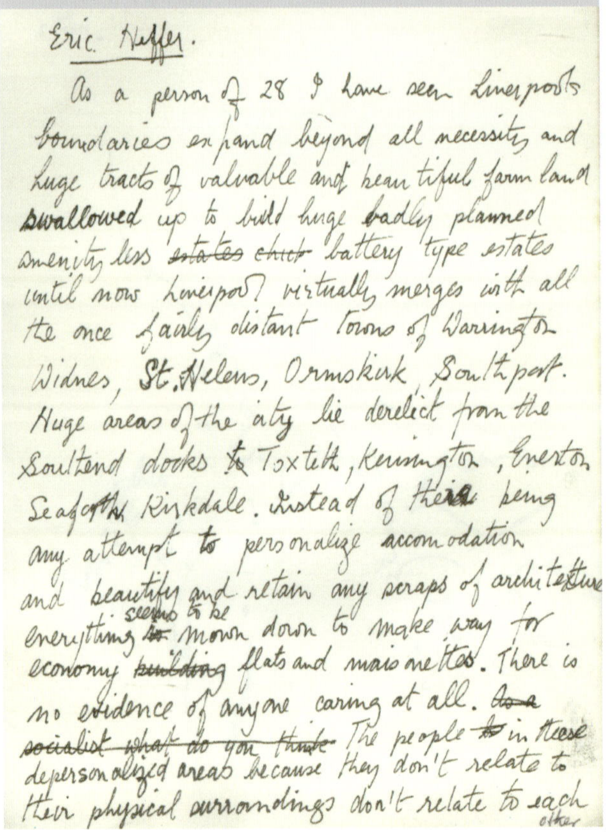

Eric Heffer.

As a person of 28 I have seen Liverpools boundaries expand beyond all necessity and huge tracts of valuable and beautiful farm land swallowed up to build huge badly planned amenity less ~~estates chick~~ battery type estates until now Liverpool virtually merges with all the once fairly distant towns of Warrington Widnes, St.Helens, Ormskirk, Southport. Huge areas of the city lie derelict from the Southend docks to Toxteth, Kensington, Everton, Seaforth Kirkdale. Instead of there being any attempt to personalize accomodation and beautify and retain any scraps of architecture everything seems to be mown down to make way for economy ~~building~~ flats and maisonettes. There is no evidence of anyone caring at all. ~~As a socialist what do you think~~ The people in these depersonalized areas because they don't relate to their physical surroundings don't relate to each other

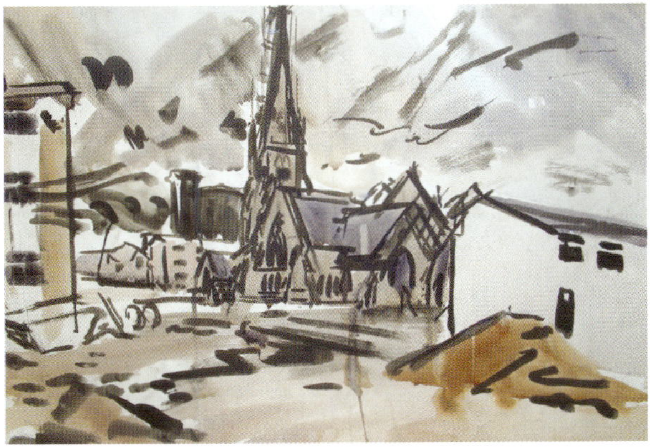

St Chrysostom's; amrywiol - conte, dyfrlliw, siarcol, 1971-72
St Chrysostom's; various - conte, watercolour, charcoal, 1971-72

Eglwys San Chrysostom's – un arall o'r eglwysi mawr a ddymchelwyd yn y 70au. Mae'r delweddau hyn yn dangos sut roedd Frank yn gweithio mewn sawl steil a chyfrwng yn ei lyfrau braslunio. Unwaith eto mae hyn yn ein hatgoffa o drylwyredd ei ymchwil a'i sylwi ond rydym hefyd yn dod yn ymwybodol o'r teimlad sydd yn y gwaith.

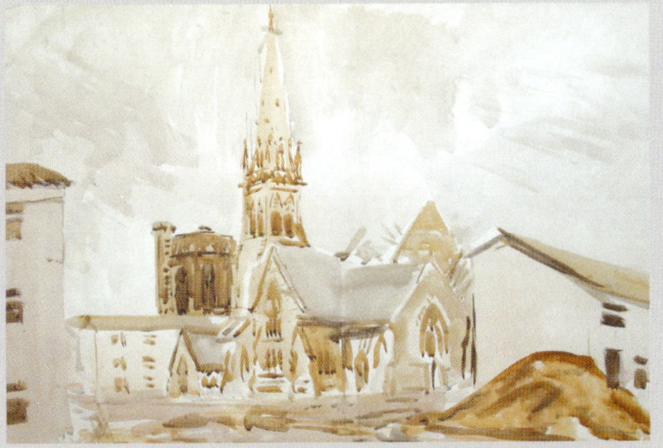

St Chrysostom's – another of the large churches demolished in the 70's. These images show how Frank used different styles and mediums in his sketchbooks. Once again this reminds us of the thoroughness of his research and observation but we also become aware of the emotion in the work.

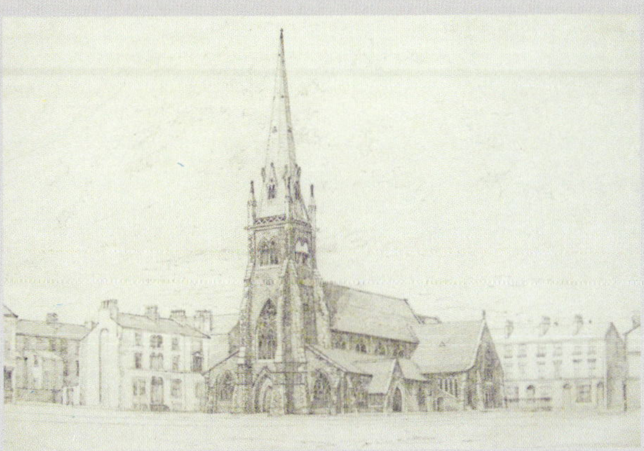

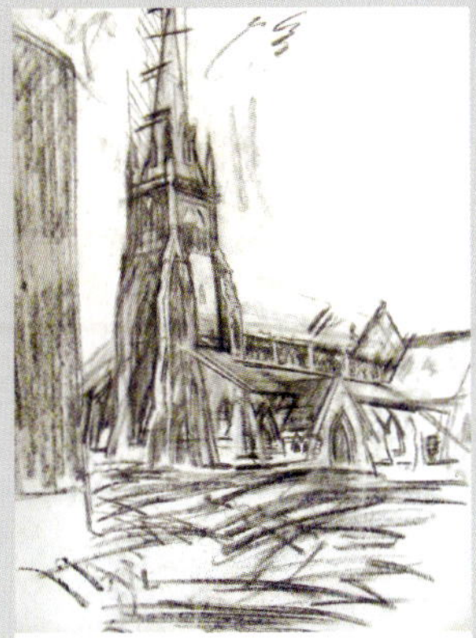

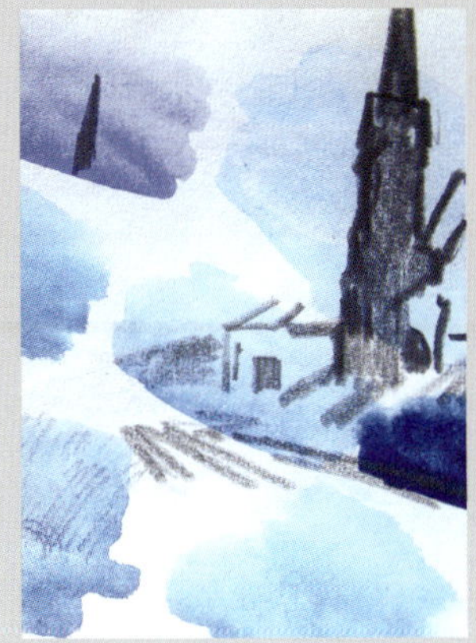

Arbrofi gyda lliwiau dyfrlliw
Experimenting with watercolours

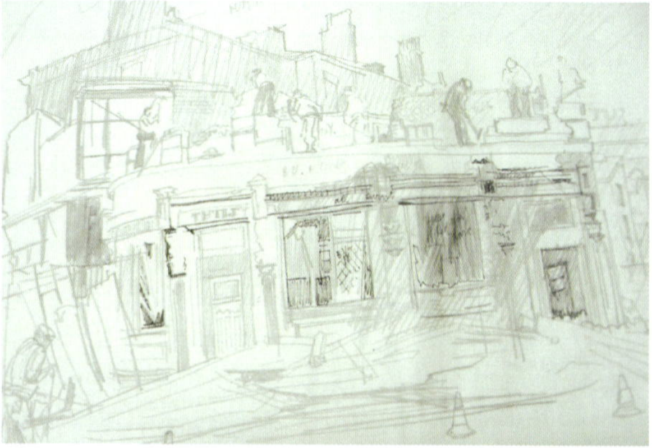

Nid oedd gan Frank gamera ar y pryd felly roedd popeth yn cael ei gofnodi ar bapur. Mae llawer o frasluniau o'r cyfnod hwn ar bapurach amrywiol – llinellog, sgwariau, papur brown, ac yn aml roedd yn defnyddio beiro neu ffelt pen sy'n awgrymu rhywbeth wedi'i wneud yn sydyn, wedi'i daro i lawr fel *'aide-memoir'* cyn mynd ati i weithio ar ddarn mwy gorffenedig yn nes ymlaen.

Mae'r brasluniau hyn yn dangos y byddai'n cael comisiynau gan y sawl oedd yn dymchwel, megis y cwmni oedd yn dymchwel Eglwys San Benedict yn Heyworth Street neu gan fragdy Tetley's wrth i dafarn y Criterion ddiflannu o dan y morthwyl – yn llythrennol.

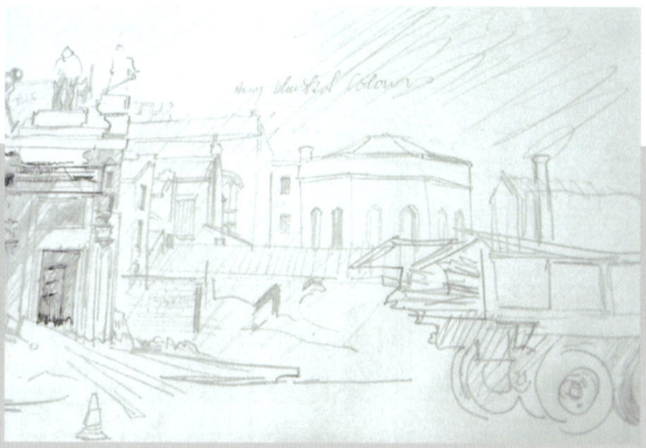

Dymchwel tafarn y Criterion; brasluniau, 1978
Demolition of Criterin pub; sketches, 1978

Frank didn't have a camera during this period so everything was recorded on paper. There are a lot of sketches from this period on various papers, lined, squared, brown and made with biro or felt pen suggesting that these were done quickly, jotted down as an 'aide-memoir' before returning to a more complete work at a later date.

These preparatory sketches illustrate that Frank would often receive commissions that were linked to the demolition such as from the company demolishing St Benedict's Church in Heyworth Street or Tetley's Brewery, as their Criterion pub went under the hammer, literally.

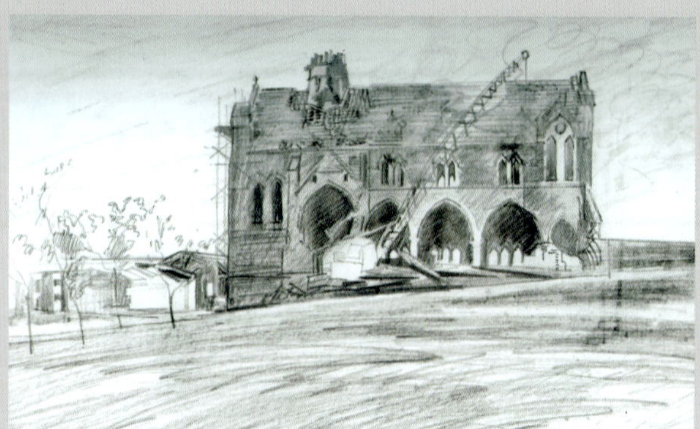

Dymchwel San Benedict's Church; braslun pensil, 1974
Demolition St Benedict's Church; pencil sketch, 1974

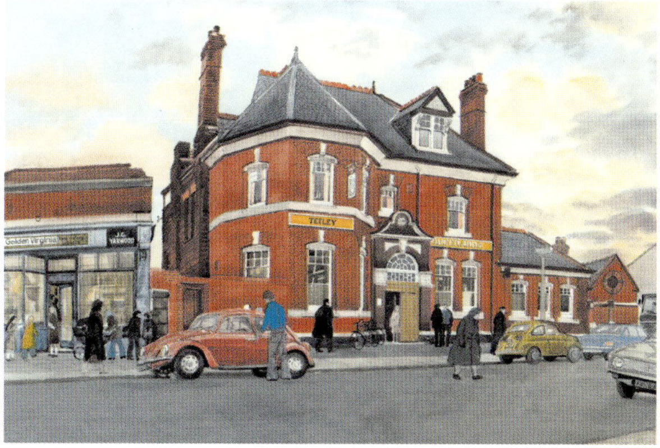

Queen Anne, Fazakerley Road, 1977

Ynghyd â'r eglwysi, ysbytai ac ysgolion, mae llawer o dai tafarn i'w gweld yng ngwaith Frank. Yma cawn yr Ancient Briton a chwalwyd yn y 70au; y Queen Anne a chwalwyd yn 2011 a'r Stanley, sy'n dal i sefyll ond yn adfail. Yr adeiladau eu hunain ydi'r ffocws, nid yr hyn sy'n digwydd o gwmpas ond cred Frank ei bod hi'n bwysig iddo fod mor driw â phosib i ddigwyddiadau'r stryd wrth i bobl (â'u cŵn!) ddod â'r darlun yn fyw.

"Rwy'n teimlo pwysigrwydd yr hyn rwy'n ei wneud. Rwy'n dyst i'r newid ac yn tystio i'r hyn sydd wedi diflannu."

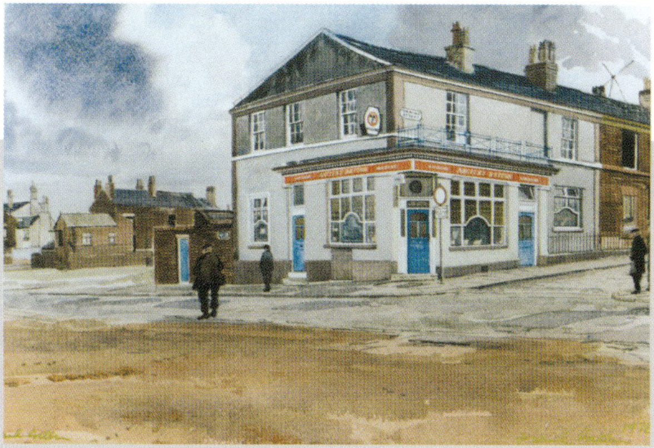

Ancient Briton, Mere Lane, 1973

Along with churches, hospitals and schools, pubs feature strongly in Frank's work. Here we have The Ancient Briton, demolished in the 70's, the Queen Anne demolished in 2011 and The Stanley, still standing but by now a ruin. The buildings themselves are the focus, not what goes on around and about, but Frank feels it's important to be as faithful as possible to the street scene as people (and their dogs!) to bring the work to life.

"I feel that there is an importance to what I do. I am witness to change and witness to what has gone."

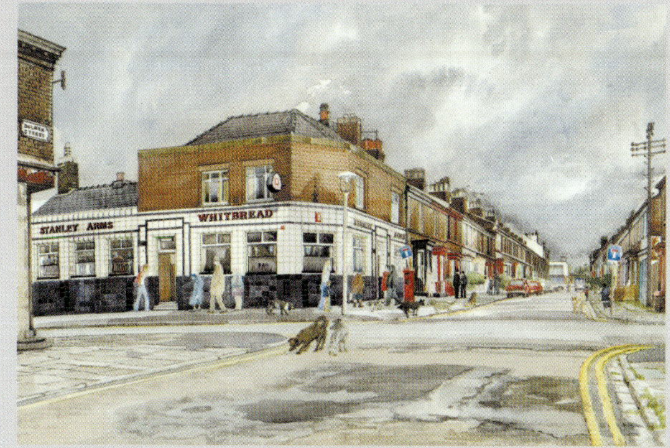

The Stanley, Thirlemere Road 1979

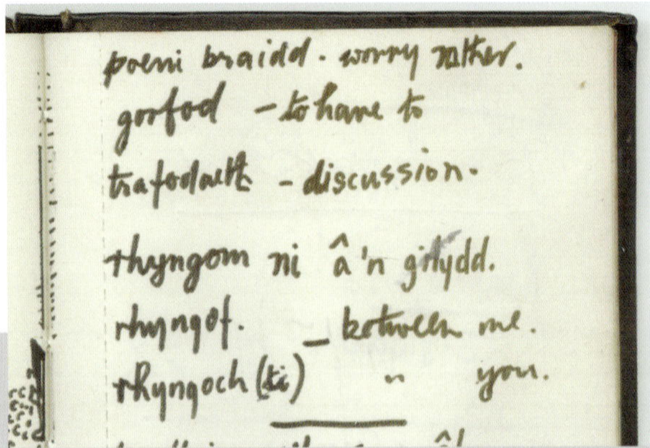

Dysgu Cymraeg - tudalen mewn braslyfr
Learning Welsh – a page in a sketchbook

Yr Hippodrome lle y dywedir i J. O. Williams (1853-1932), yr Archdderwydd Pedrog (o Lanbedrog yn wreiddiol), ddenu tyrfaoedd enfawr i gymanfaoedd canu pan oedd yn weinidog gyda'r Annibynwyr yn Lerpwl. Roedd yn boblogaidd gydag aelodau o bob enwad felly nid rhyfedd clywed ei fod wedi gorfod cael adeilad mawr i ateb anghenion y dyrfa.

The Hippodrome where it is said that J. O. Williams (1853-1932), the Archdruid Pedrog (from Llanbedrog originally), attracted thousands to particiapte in community hymn singing services when he was a minister in Liverpool. He was very popular with all denominations so it isn't surprising to learn that he had to find a very large building to satisfy the demand.

Hippodrome a dymchwel Gregson's Well Tetley's, 1978
Hippodrome and demolition of Tetley's Gregson's Well, 1978

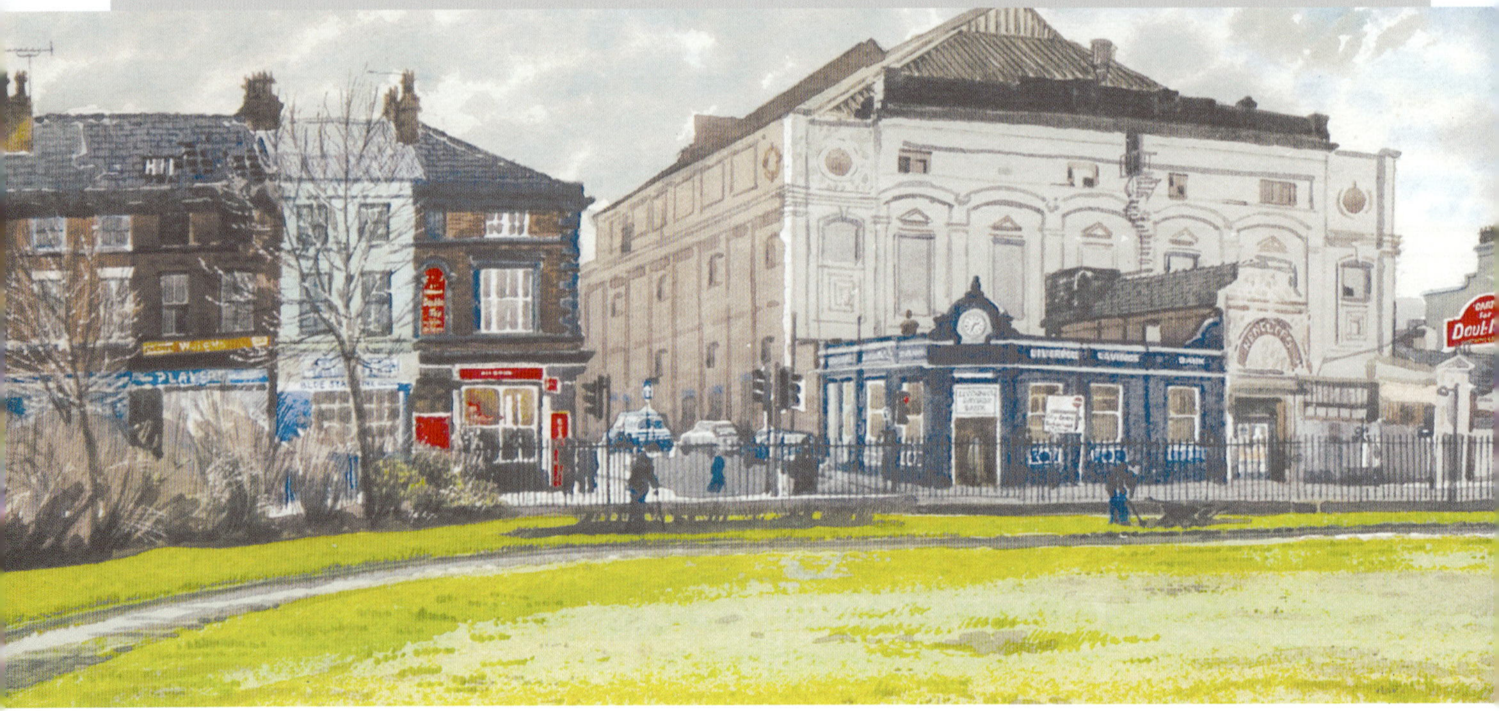

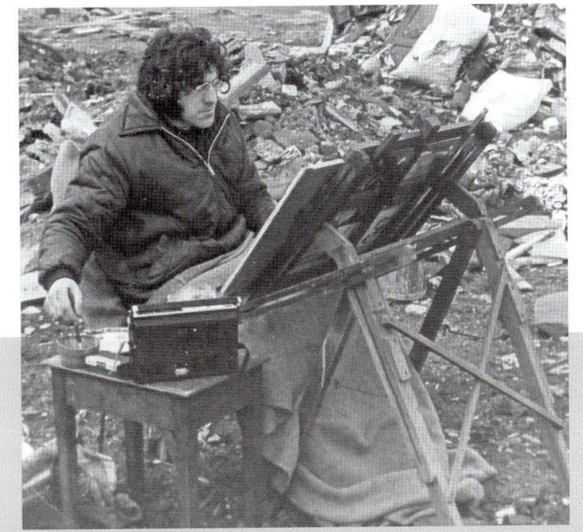

Paentio a dysgu Cymraeg, 70au
Painting and learning Welsh, 70's

Roedd Frank wedi recordio cwrs Cymraeg BBC Cymru 'Dewch i Siarad' ar dapiau i wrando arnynt tra oedd allan yn paentio ac yma mae wedi'i lapio rhag yr oerfel gyda photel dŵr poeth wrth ei draed! Roedd llawer yn gwneud cymwynas gan ddod i ail-lenwi'r botel pan fyddai'r dŵr yn oeri. Roedd rhai yn dod â the iddo hefyd ond nid oedd hyn mor hwylus gan fod yn rhaid stopio i fynd i'r tŷ bach o ganlyniad.

Frank had copied the BBC Wales Welsh Language course 'Dewch i Siarad' to tapes and was listening to it here while wrapped up warm against the cold with a hot water bottle at his feet! He had a constant supply of kind people who would re-fill the bottle with hot water. Some even brought him tea but this was not so welcome as he would need to stop to go to the toilet as a consequence.

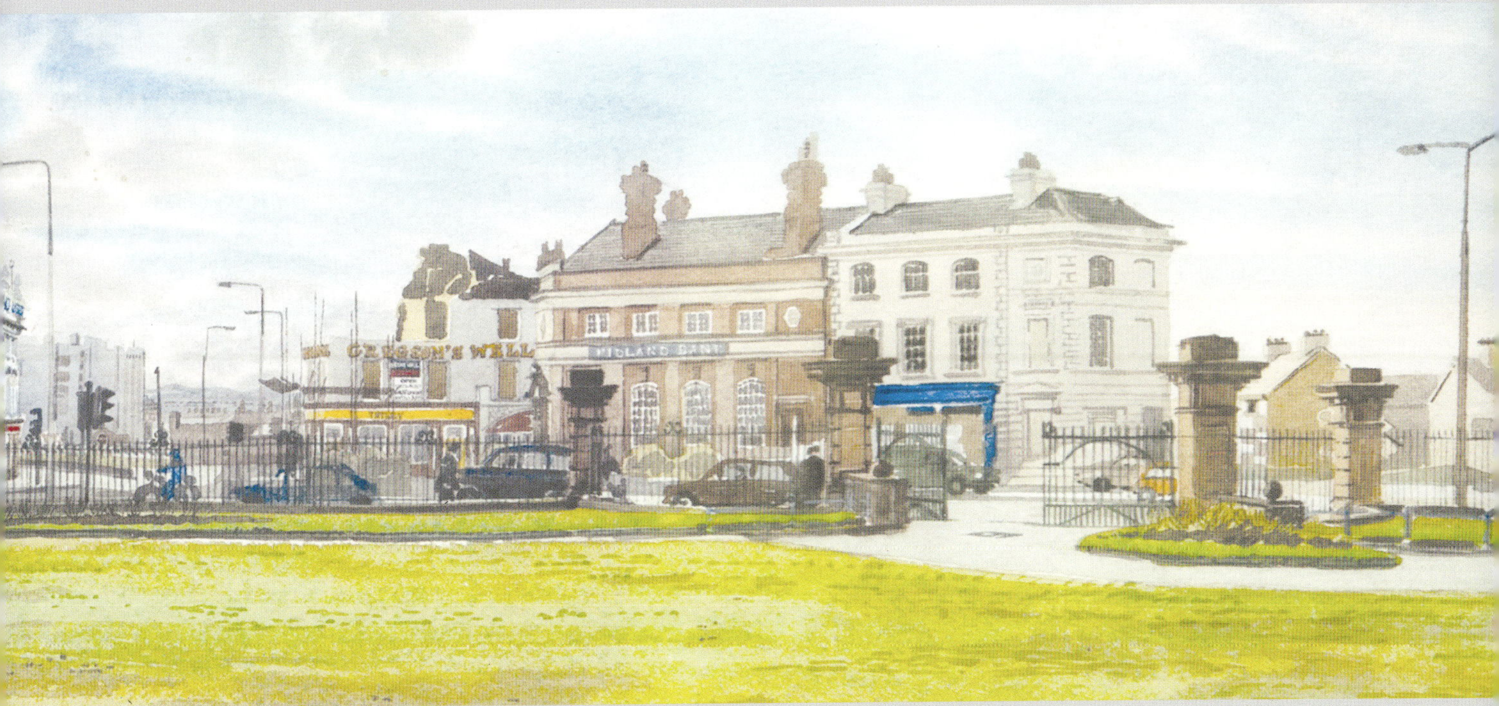

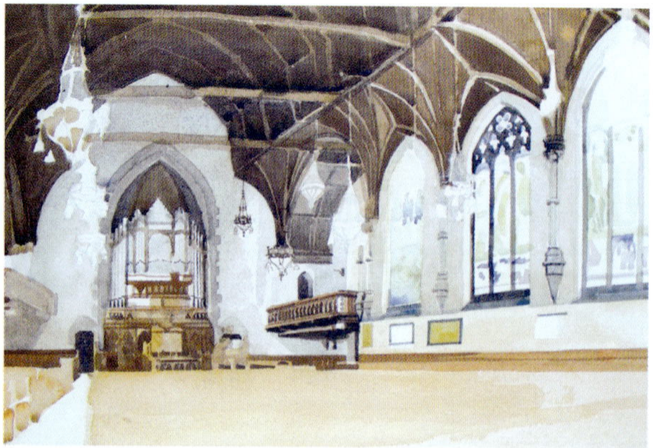

United Reform Church, Brompton Avenue, Ullet Road; braslun paratoadol a dyfrlliw gorffenedig, 1975

Mae'r darlun o'r United Reform Church yn Ullet Road yn un diddorol gan ei fod wedi paentio'r olygfa o'r tu mewn hefyd – un o'r ychydig baentiadau mewnol mewn casgliad enfawr o adeiladau. Dywed Frank ei fod yn difaru erbyn heddiw na fuasai wedi paentio mwy o du mewn adeiladau ond diffyg amser oedd y gelyn wrth i gymaint o adeiladau gael eu dymchwel. Yn yr un modd ag y gweithiai ar y darluniau allanol, mae gan Frank sawl fersiwn yn ei lyfr braslunio. Dyma un braslun, ochr yn ochr â'r un gorffenedig.

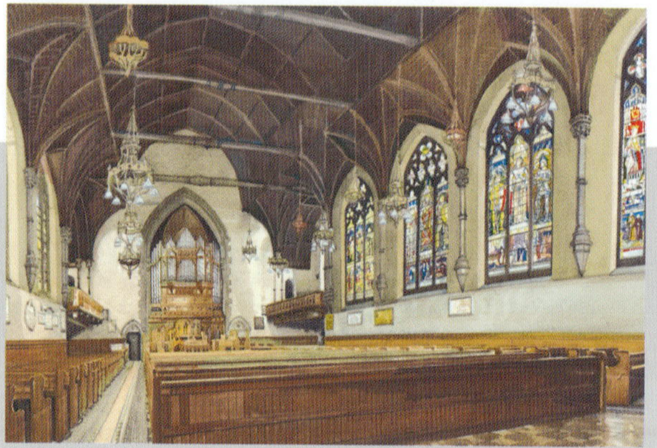

United Reform Church, Brompton Avenue, Ullet Road, preparatory sketch and completed watercolour, 1975

The painting of Ullet Road United Reform Church is interesting as we have an interior view – one of the very few interiors in a huge collection of buildings. Frank says that by today he regrets not painting more interiors but lack of time was the big enemy as he was unable to keep up with so many buildings being demolished. In his usual manner of working Frank has many versions in his sketchbooks. Here is one sketch, side by side with a finished version.

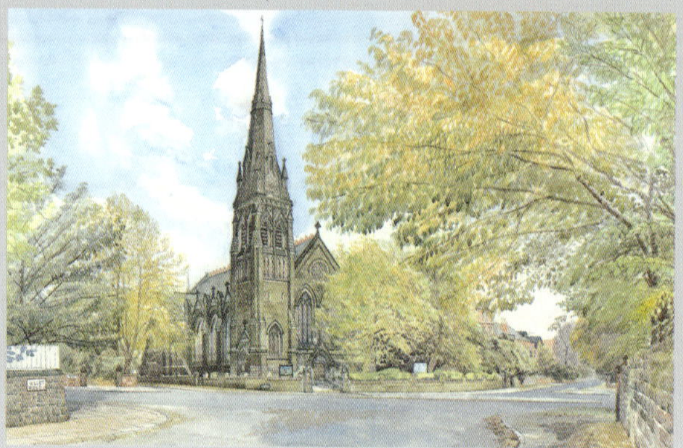

United Reform Church, Brompton Avenue, Ullet Road, 1975

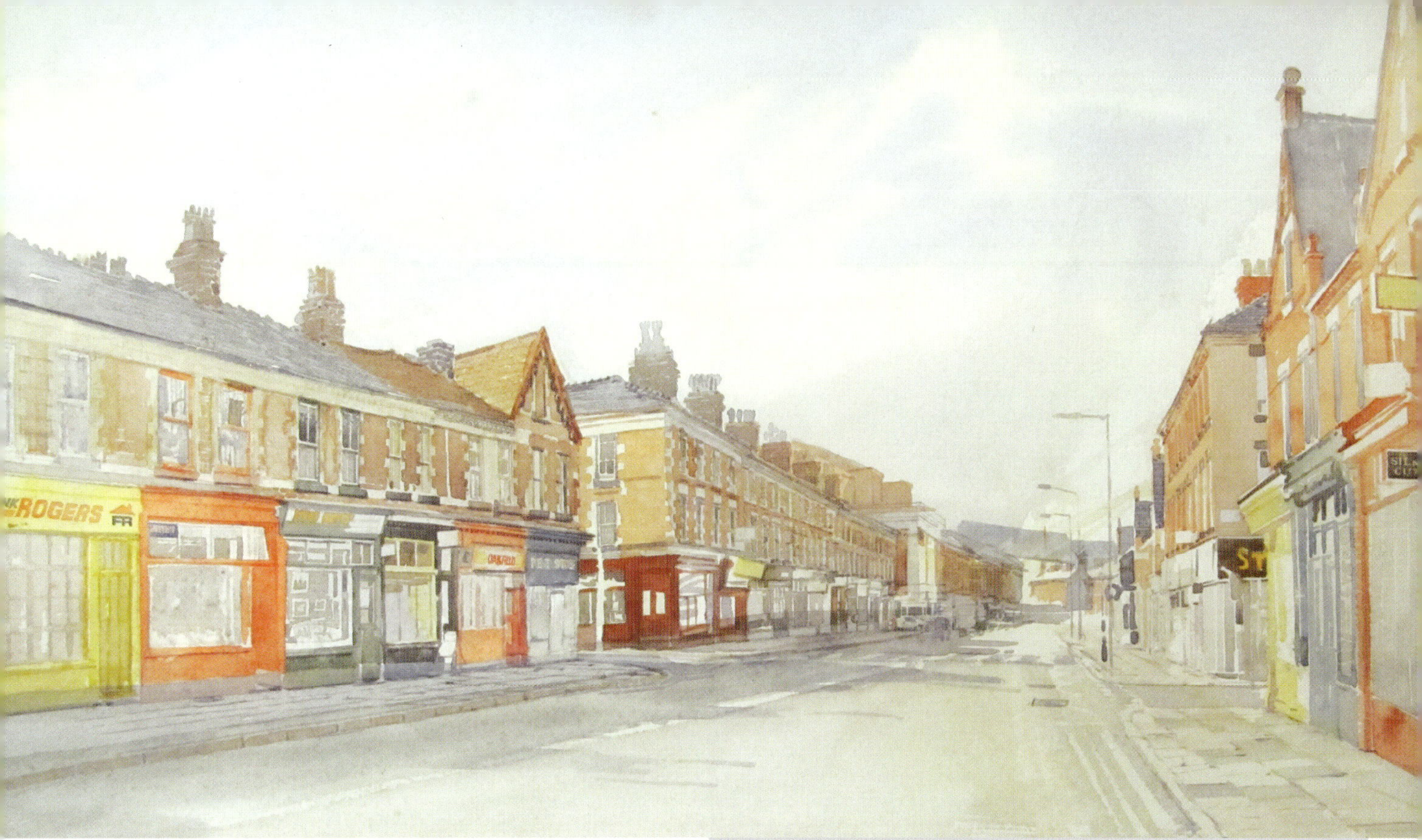

Oakfield Road, 1983

Dyma baentiad gan Frank o Oakfield Road gyda'i siop y trydydd adeilad ar y chwith ac fe welwch Anfield, maes pêl-droed enwog Lerpwl, ar ben y stryd. Roedd hwn yn gyfnod hynod o brysur gyda chymaint o newidiadau i'w cofnodi a'r disgwyl iddo ddangos gwaith newydd yn y ffenest yn gyson. Roedd yn derbyn comisiynau rheolaidd hefyd. Prynodd offer arbenigol a dechreuodd gynhyrchu printiadau o'r paentiadau a datblygodd hynny'n adain bwysig o'r busnes. Roedd y cysylltiad Cymreig wedi dod yn rhywbeth penodol yn y gwaith wrth iddo ddysgu pa strydoedd a adeiladwyd gan adeiladwyr Cymreig wedi iddo gael benthyca'r llyfr *The Welsh Builder on Merseyside – Annals and Lives* gan ddynes yn ei stryd.

Here we have a painting of Oakfield Road with Frank's shop, the third building on the left and Anfield, the home of Liverpool Football club, at the end of the street. This was a prolific time with so much changing around him and he still felt under pressure to put new work in the window regularly. Commissions had also become a regular feature. He bought specialist equipment and started producing prints from paintings which became an important element of the business. The Welsh connection had become something notable in the work as he learnt about the prolification countless of streets built by the Welsh builders having been given the book *The Welsh Builder on Merseyside - Annals and Lives* by a lady in his street.

Roedd dwy eglwys gadeiriol enwog Lerpwl wedi'u cysegru erbyn y cyfnod hwn – Cadeirlan Gatholig Metropolitanaidd Crist y Brenin, gyda'i siap modern ac anghonfensiynol a'r Eglwys Anglicanaidd draddodiadol enfawr, y fwyaf yng ngwledydd Prydain a'r bumed fwyaf yn y byd, y cymerwyd 74 mlynedd i'w chwblhau Mae'r ddwy eglwys wedi hen ennill eu plwy fel tirnodau pwysig ac yn chwarae rhan flaenllaw ym mywyd y ddinas.

Cadeirlan Gatholig Metropolitanaidd Crist y Brenin, 1983
Metropolitan Catholic Cathedral of Christ the King, 1983

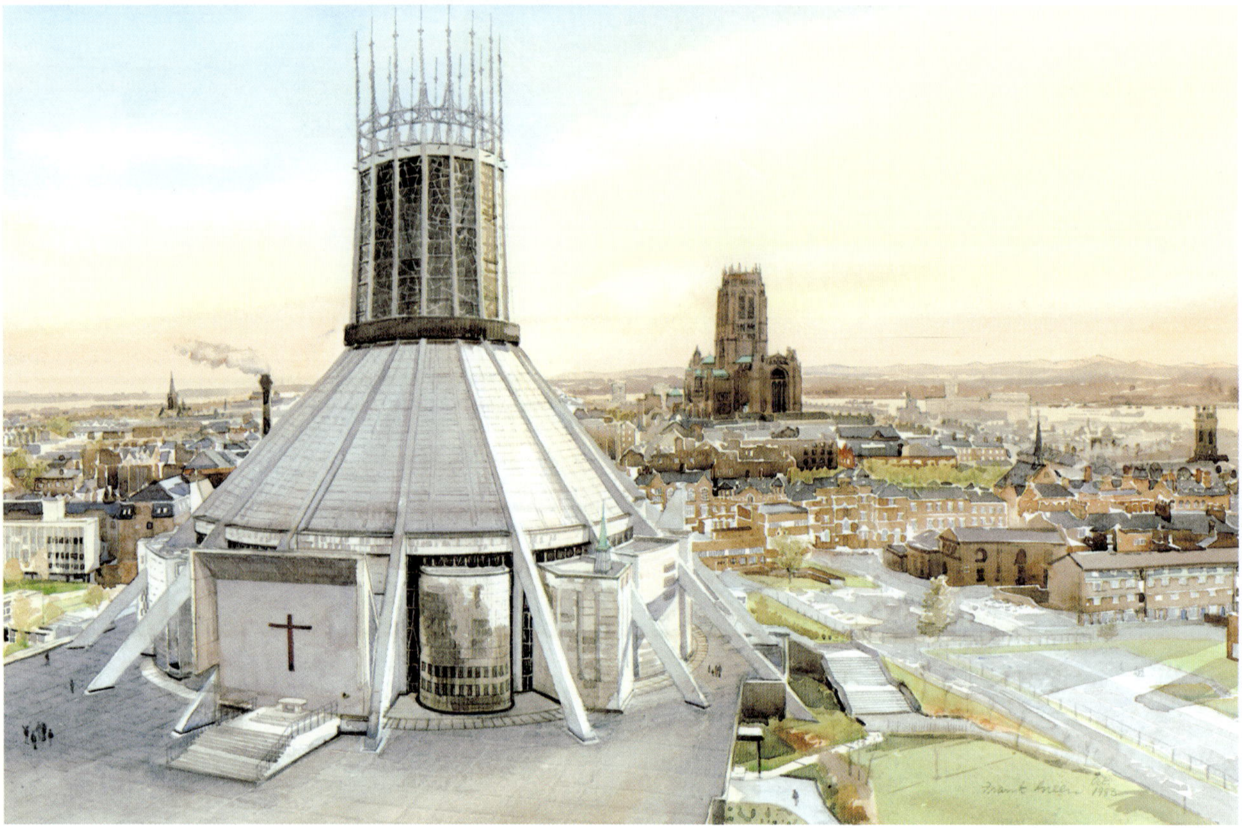

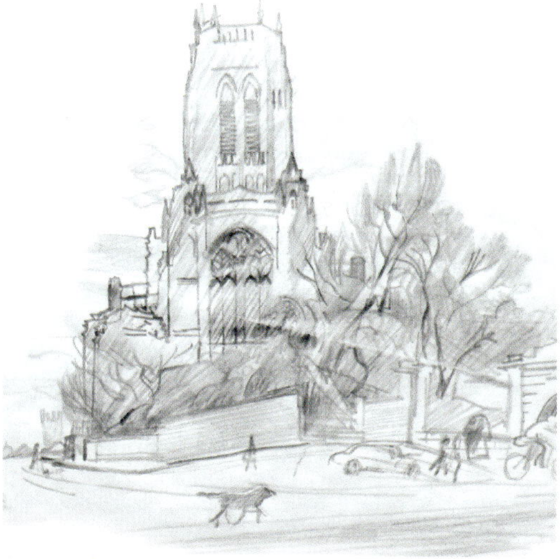

Eglwys Gadeiriol Anglicanaidd; braslun a dyfrlliw, 1984
Anglican Cathedral; sketch and watercolour, 1984

Liverpool's two famous cathedrals had been consecrated by this period – the unconventional modern Metropolitan Catholic Church of Christ the King, and the large traditional Anglican Church, the largest in the UK and fifth largest in the world, which had taken 74 years to complete. Both churches have become important landmarks and play an important part in the life of the city.

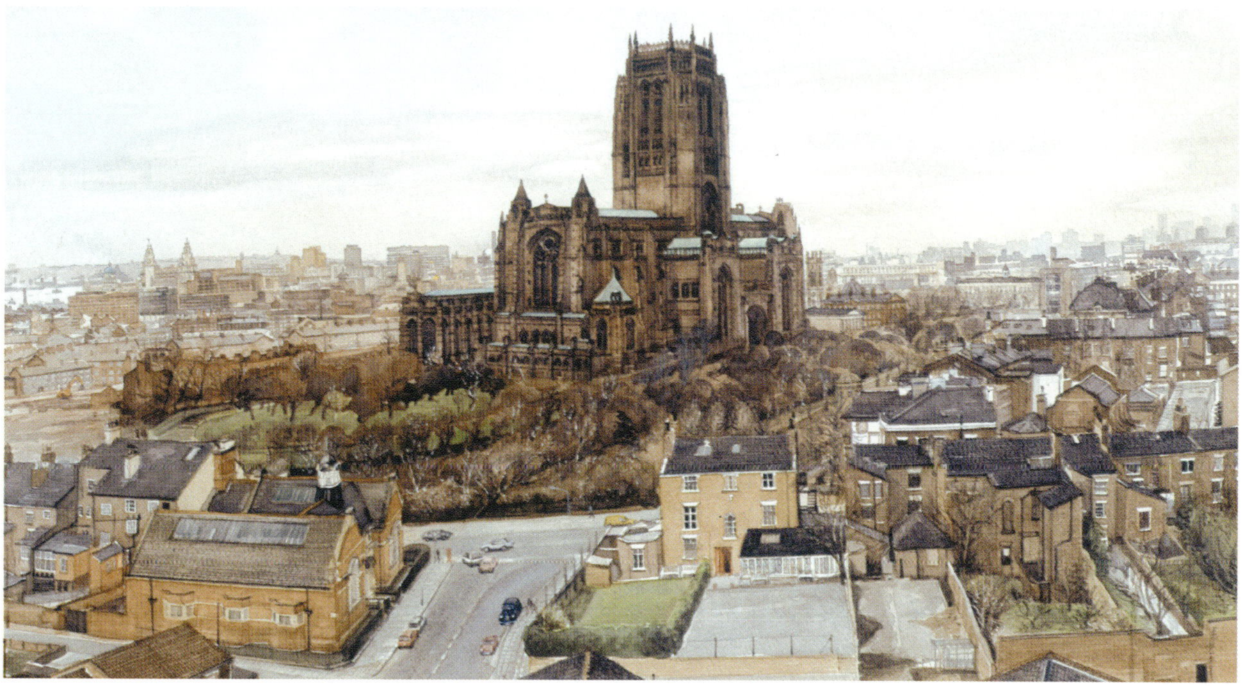

Dyma'r olygfa o ben to hen ffatri Jeans Lybro yn Mount Vernon a ddymchwelwyd yn 1983 i wneud llwybr i'r ffordd M62 ddod i ganol y ddinas. Pan oedd Frank wrthi'n paentio daeth criw o hogiau a dwyn yr ysgolion yr oedd yn eu defnyddio i gael mynediad i ben y to a bu'n rhaid iddo ffonio'r frigâd dân i ddod i'w achub!

This view is from the roof of the old Lybro Jeans factory in Mount Vernon, demolished in 1983 to make way for the M62 to come into the city centre. When Frank was painting a group of youths stole the ladders he had leading up to the top of the roof and he had to call the fire brigade to come to his rescue!

Golygfa o do Lybro Jeans dros Edge Hill, 1983
View from the roof of Lybro Jeans over Edge Hill, 1983

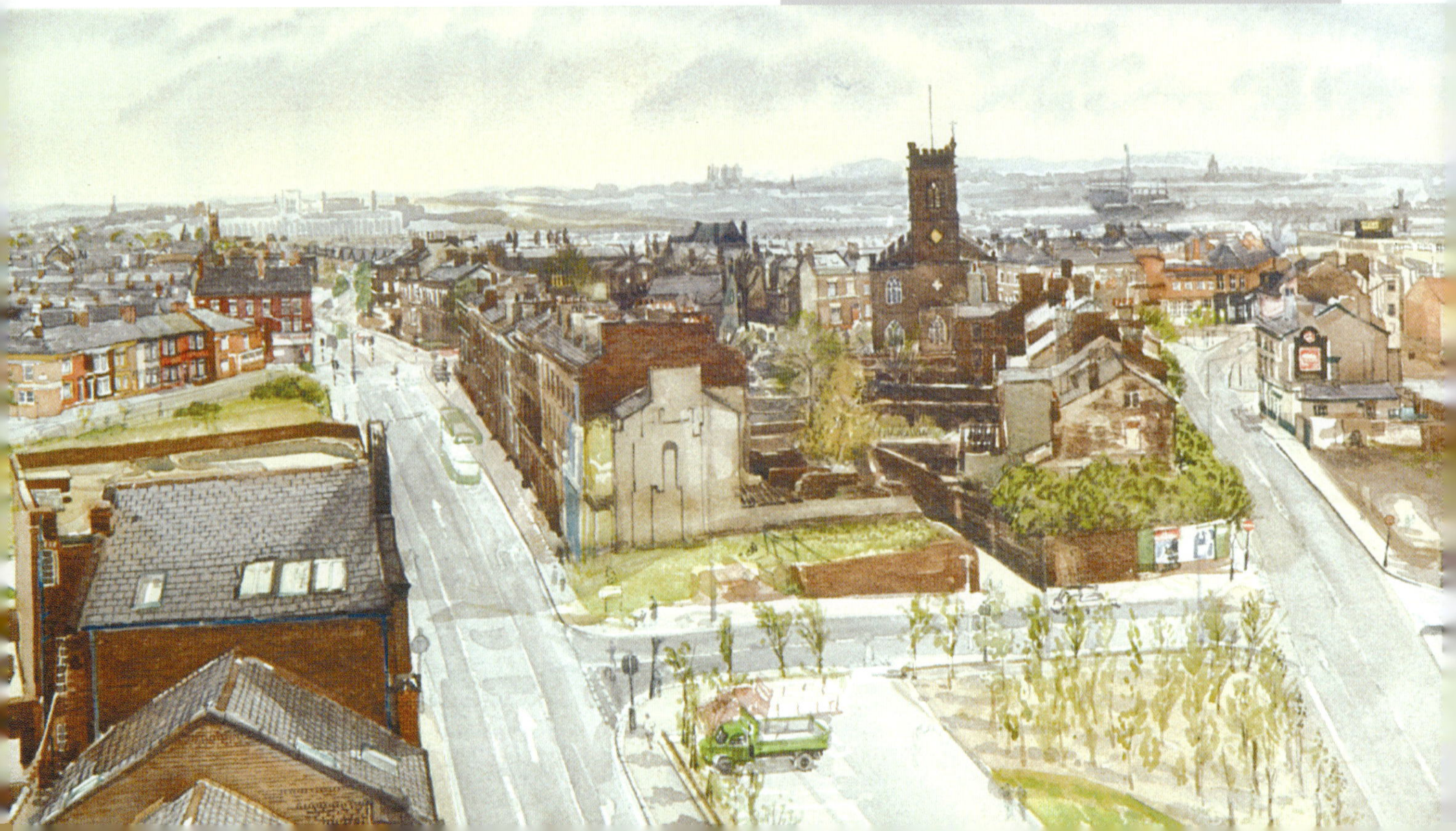

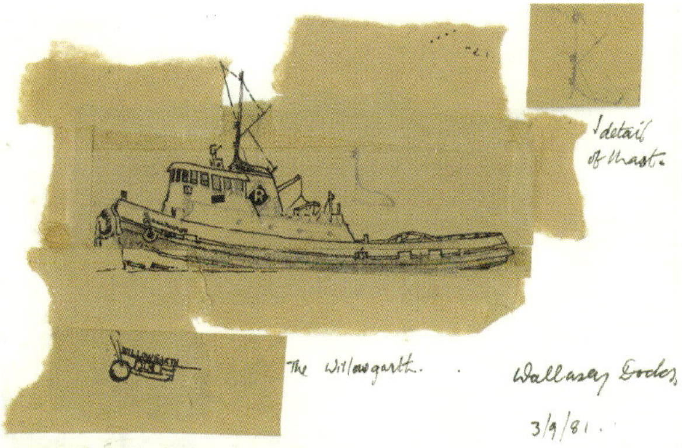

Braslun ar bapur brown, 1981
Sketch on brown paper, 1981

Profodd 1984 yn flwyddyn hynod o brysur i Frank wrth iddo agor siop yn Albert Dock, y person cyntaf i rentu gofod yn y datblygiad newydd, ac arddangos yn yr Ŵyl Erddi Genedlaethol a ddaeth â llawer o sylw iddo y tu hwnt i Lerpwl. Erbyn hyn roedd y dymchwel mawr wedi dod i ben a chanolbwyntiodd ar bynciau mwy masnachol – golygfeydd poblogaidd o gwmpas y dociau a chanol y ddinas.

1984 proved a huge year as Frank opened a shop in Albert Dock, the first person to take a lease in the new complex, and exhibited at the National Garden Festival, which brought a lot of attention to his artwork from outside Liverpool. By this time the large-scale demolition had ceased and he turned his hand to more commercial subjects - popular views around the docks and city centre.

Glannau Merswy, Lerpwl, 1981
Liverpool Waterfront, 1981

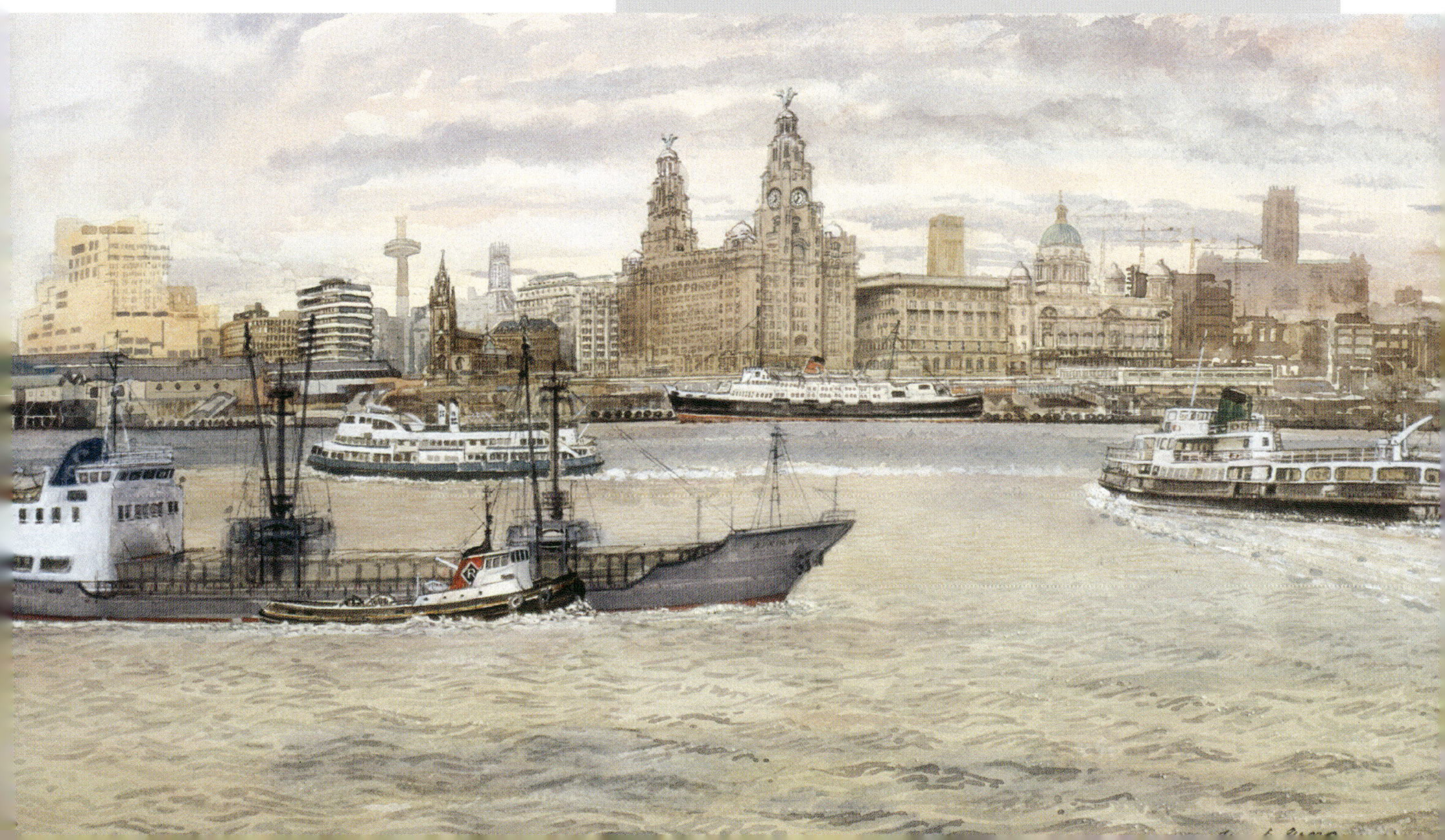

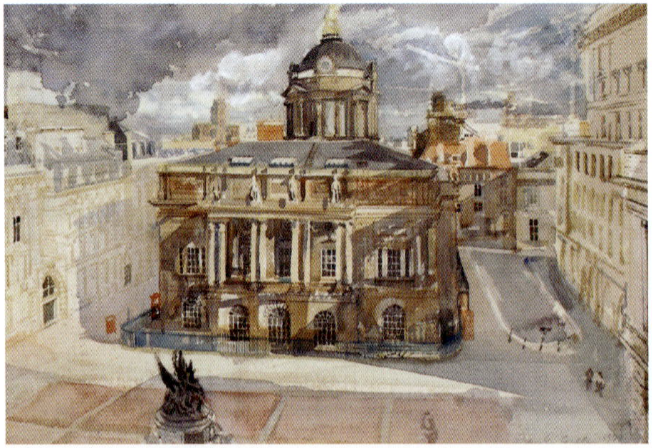

Neuadd y Ddinas o Derby House, 1979
Town Hall from Derby House, 1979

Roedd Frank yn teimlo rhywfaint o ryddid yn ystod y cyfnod hwn wrth iddo allu canolbwyntio ar olygfeydd cyffredinol o Lerpwl. Gallai baentio heb deimlo pwysau bod yn rhaid gweitho fel dogfennydd, er fod manyldeb yn hanfodol bwysig o hyd yn y darluniau.

Agorodd Oriel y Tate yn Noc Albert yn 1988 gan greu mwy o brysurdeb fyth. Yn dilyn cyfnod o salwch, rhoddodd Frank y gorau i les y siop yno yn 2001, gan ganolbwyntio'i egni ar Oakfield Road.

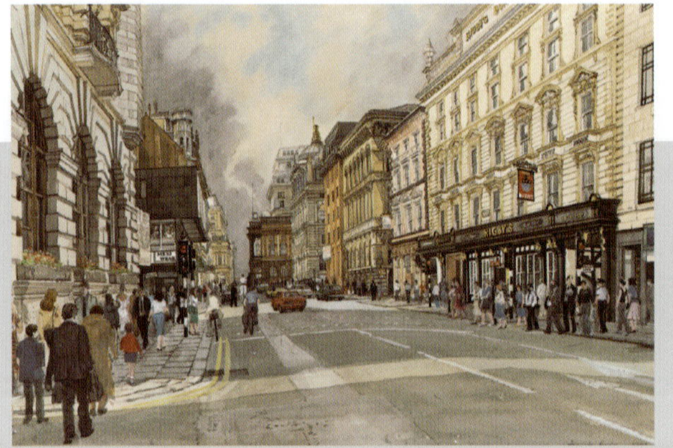

Dale Street, 1983

Frank felt some relief during this period as he could concentrate on general views of Liverpool, painting without the pressure of having to document, but the attention to detail in the work is still vitally important.

The Tate gallery opened at the Albert Dock in 1988 and with it came even more visitors. due to illnes Frank gave up the lease on the shop in 2001 and concentrated his energies in Oakfield Road.

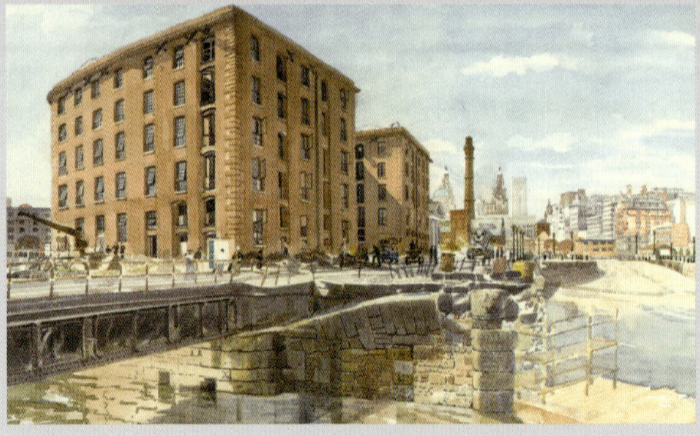

Albert Dock, 1984

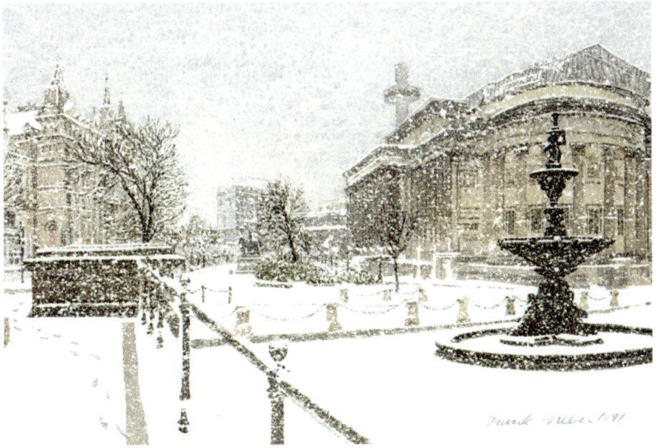

St George's Hall, 1991

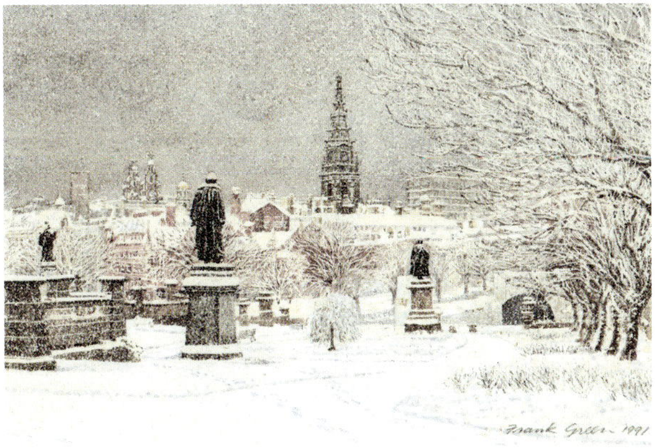

St John's Gardens, 1991

Roedd y busnes printiadau yn llewyrchus gyda llawer o bobl yn casglu printiadau, neu'n anfon printiadau at deulu neu ffrindiau dramor oedd gyda chysylltiadau â'r ddinas. Roeddent yn holi am leoedd neu adeiladau penodol, gydag eglwysi yn boblogaidd iawn. Cynhyrchodd gardiau cyfarch, ac yma cawn ddelweddau o olygfeydd gaeafol ynghanol Lerpwl wedi'u cynhyrchu fel cardiau Nadolig.

Cred Gwynfor Ellis bod lleoliad y Coleg Celf ynghanol y ddinas wedi bod yn fanteisiol i Frank wrth iddo ddatbygu ei waith yn yr 80au a'r 90au. Roedd y 60au wedi bod yn amser cyffrous yn Lerpwl gyda'r enwocaf o holl grwpiau pop y byd, y Beatles, yn eu hanterth. Roedd beirdd ac artistiaid megis Adrian Henry, Sam Walsh a Keith Arnatt yn denu llawer o sylw at eu gwaith beiddgar ond roedd Frank yn canolbwyntio'i egni ar y newidiadau mawr oedd wedi bod yn digwydd i ffabrig ei ddinas. Mae gonestrwydd ei waith yn bwysig iddo wrth iddo gyfleu yr hyn sydd o flaen ei lygaid, boed yn adeilad, stryd neu olygfa.

The print business was flourishing as many people collected views of Liverpool or sent prints to family and friends abroad with Liverpool connections. People would request certain places or specific buildings with churches being very popular. He produced greeting cards, and here we have two wintery views of central Liverpool produced as Christmas cards.

Gwynfor Ellis believes that the city centre location of the Art College was beneficial to Frank as he developed his work into the 80's and 90's. The 60's had been an exciting time in Liverpool with the Beatles at the height of their fame. Artists and poets such as Adrian Henry, Sam Walsh and Keith Arnatt were attracting attention for their daring work but Frank chose to concentrate his energy on the large-scale changes that had been happening to the fabric of his city. The honesty of his work is all-important as he portrays the building, street or view in front of him.

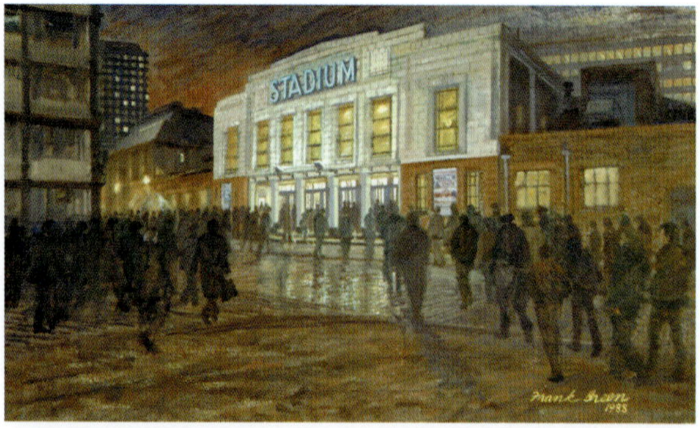

Liverpool Stadium, 1988

Yn dilyn arddangosfa arall o'i waith yn y Bluecoat yn 1976, dywedodd amryw o bobl wrth Frank nad oeddent wedi sylwi ar adeiladau Lerpwl cyn hynny a bod ei waith yn eu galluogi i weld y ddinas drwy lygaid newydd.

Daeth golygfeydd nos yn elfen bwysig o'i destunau, gyda llawer ohonynt yn cynnwys elfen o fywyd cymdeithasol a diwylliannol y ddinas megis yr uchaf ar y chwith o'r dyrfa yn heidio i Stadiwm Lerpwl i Bencampwriaeth Bocsio y Byd ym 1988.

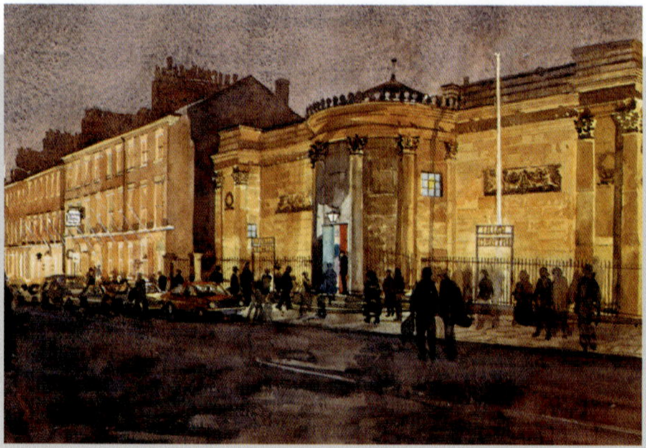

Canolfan Wyddelig, 1996
Irish Centre, 1996

Following another exhibition of his work at the Bluecoat in 1976 many people told Frank that they never really noticed the city's buildings and that the work enabled them to see Liverpool with new eyes.

Night-time scenes became an important facet of the views he offered with many featuring the city's social and cultural life such as the image here of the crowd flocking to Liverpool Stadium to a World Title Boxing Tournament in 1988.

The variety of subjects served to prove the wealth and vibrancy of the city and as Gareth Griffith points out:

"Frank was never a dispassionate observer, his commitment and passion for his beloved city is part and parcel of his art."

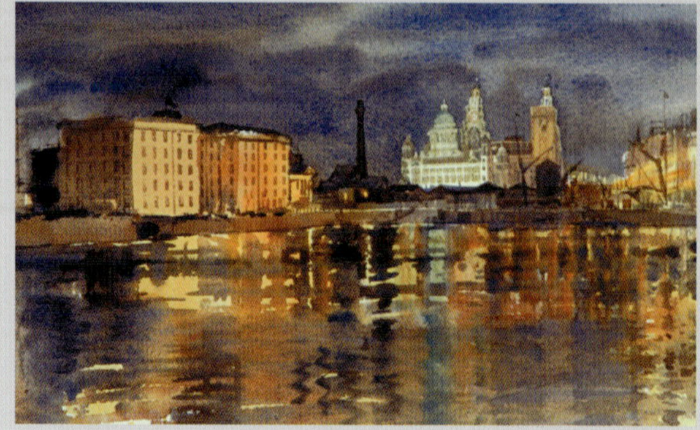

Albert Dock, hwyrnos, 1987
Albert Dock Evening, 1987

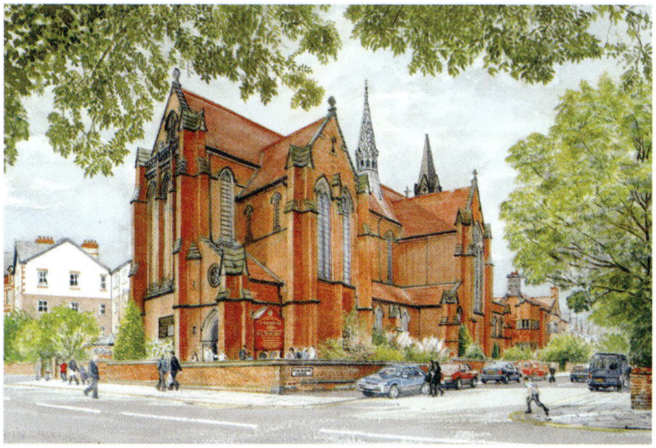

Church of St Agnes and St Pancras, Toxteth Park, 199

Un o'r eglwysi a chwalwyd yn y 70au oedd Eglwys Anglicanaidd Gymreig, Dewi Sant, Hampstead Road. Mae Eglwys St Agnes a St Pancras, Toxteth Park yn un o'r eglwysi Fictoraidd i oroesi a disgrifiwyd hi gan Nikolaus Pevsner fel 'yr harddaf o dipyn o eglwysi Fictoriadd Lerpwl."

One of the many churches demolished during the 70's was St David's, Welsh Medium Anglican Church in Hampstead Road. St Agnes and St Pancreas Church in Toxteth Park is one of the surviving Victorian churches and Nikolaus Pevsner described it as "by far the most beautiful Victorian church in Liverpool."

Eglwys Gymreig Dewi Sant, Hampstead Road, 1998
St David's Welsh Church, Hampstead Road, 1998

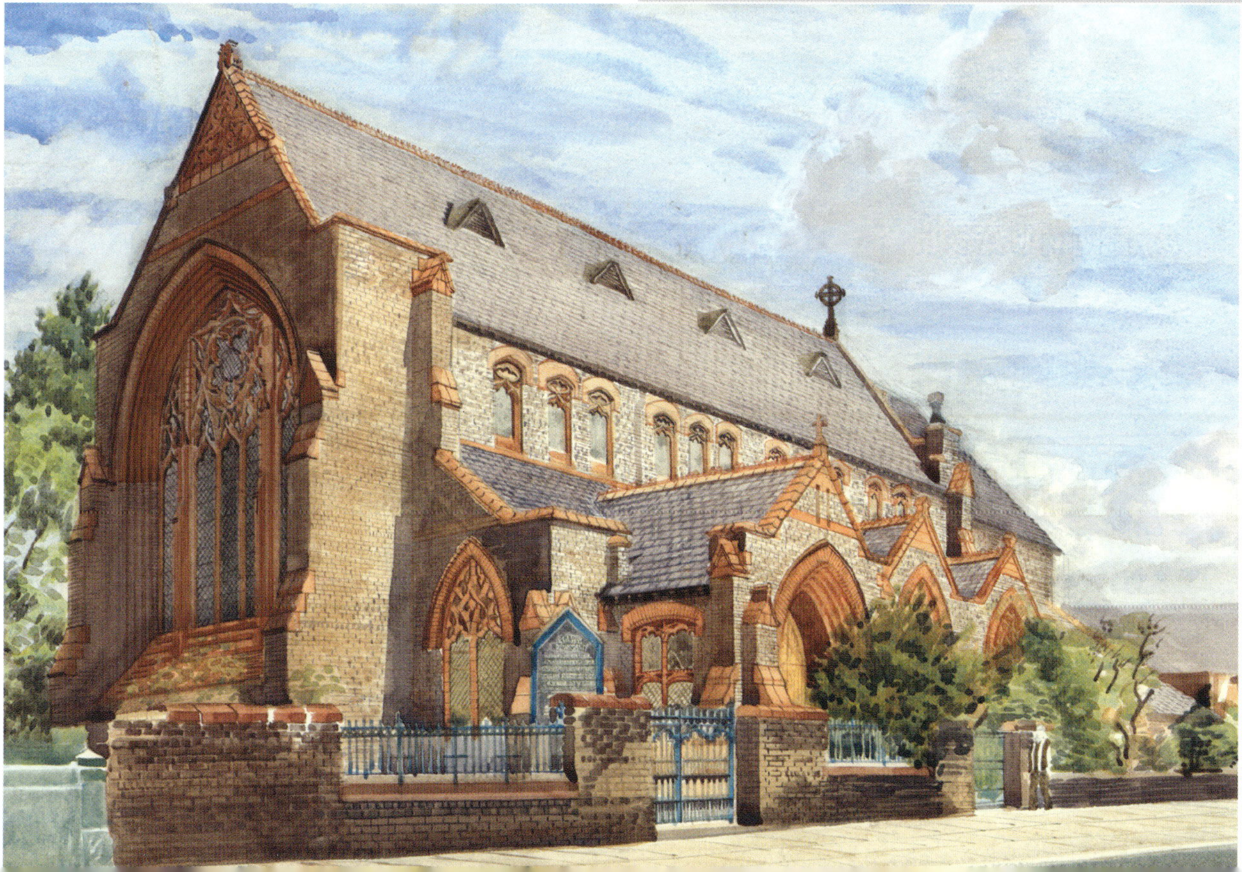

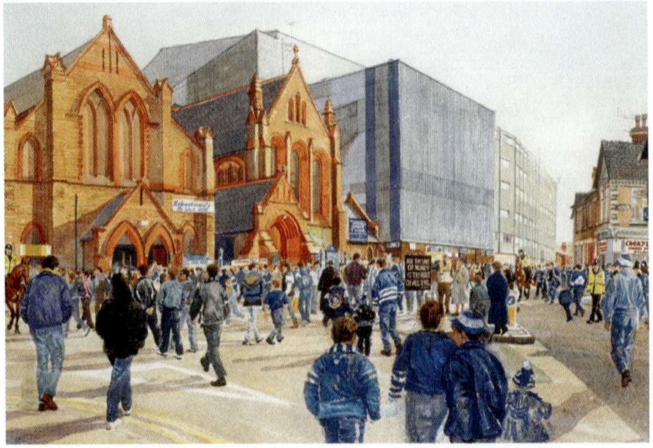

Diwrnod Gêm, Everton, 1990
Match Day, Everton, 1990

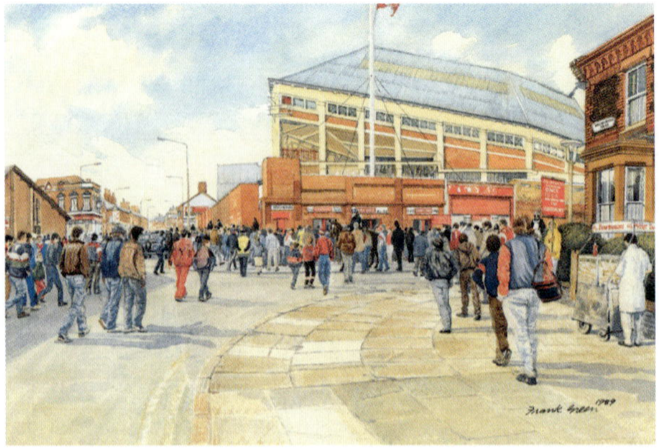

Diwrnod Gêm. Lerpwl, 1989
Match Day, Liverpool, 1989

Bu Frank yn dogfennu'r tyrfaoedd pêl-droed yn y 90au – wrth Goodison, stadiwm Gleision Everton yn Walton, yn ogystal â Chochion Anfield, oedd yn agos at ei stiwdio yn Oakfield Road wrth gwrs. Mae'r rhain yn ddarluniau sy'n dal y prysurdeb a natur gymdeithasol mynychu gêm.

Yn gefnogwr oes o dîm pêl-droed Lerpwl, cafodd Frank ganiatâd arbennig i ddogfennu chwalu'r Spion Kop enwog yn Anfield yn 1994 wedi iddo baentio *The Last Game at the Kop* ychydig ynghynt. Daeth y paentiad hwn â sylw mawr iddo dros ugain mlynedd yn ddiweddarach wrth iddo gael ei werthu mewn ocsiwn yn Bonhams am dros £18,000 yn 2013.

Mae ganddo lawer o atgofion o fynd i wylio'r pêl-droed – un ohonynt oedd pan rwydodd gôl-geidwad Leeds United a Chymru, Gary Sprake i'w gôl ei hun a cheidwad y PA yn Lerpwl yn rhoi cân Des O'Connor *Careless Hands* dros yr uchelseinydd mewn chwinciad!

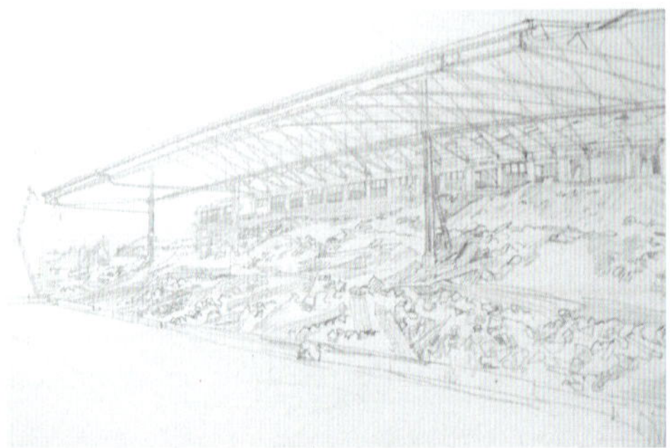

Dymchwel y Kop; braslun pensil, 1994
Demolition of the Kop; pecil sketch, 1994

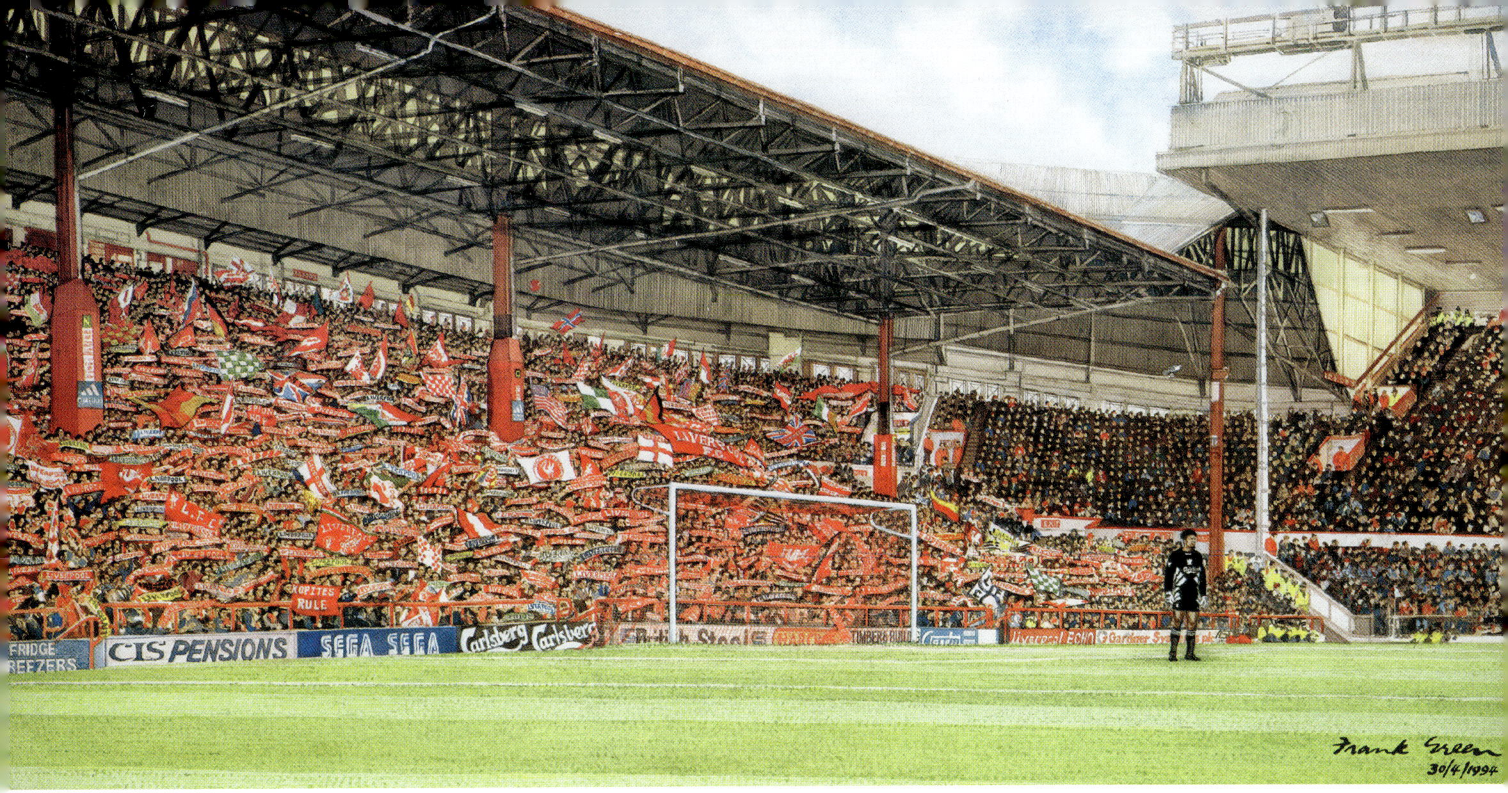

Y gêm olaf yn y Kop, 1994
Last Game at the Kop, 1994

Frank documented the football crowds in the 90's – at Goodison, the Everton Blues stadium in Walton as well as the Reds home at Anfield, close to his studio in Oakfield Road of course. These paintings catch the bustle and social nature of attending a match.

A lifelong Liverpool supporter Frank had special permission to document the demolition of the famous Spion Kop stand at Anfield in 1994 having already painted *The Last Game at the Kop*. This painting would bring him a lot of attention over twenty years later as it was sold at Bonhams for over £18,000 in 2013.

He has many memories of watching football – one particular one was witnessing the Leeds Utd and Wales goalkeeper Gary Sprake scoring a famous own-goal and the public address system at the ground taunting him by playing Des O'Connor's *Careless Hands*!

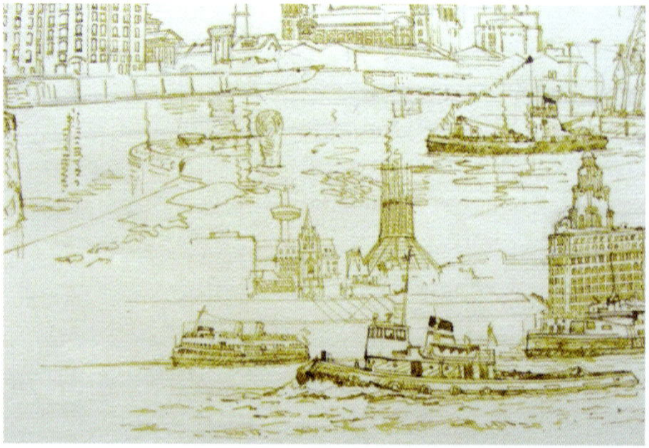

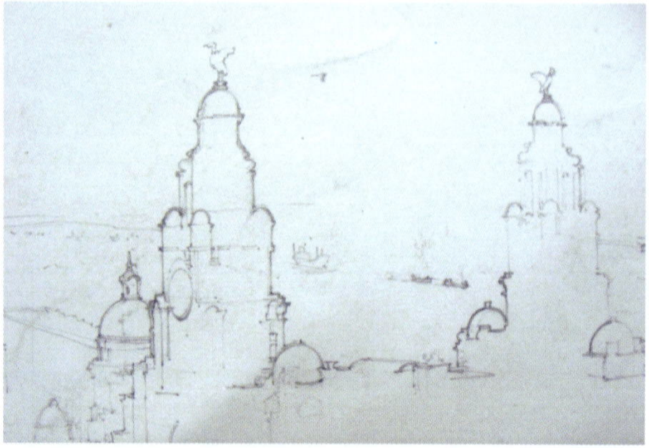

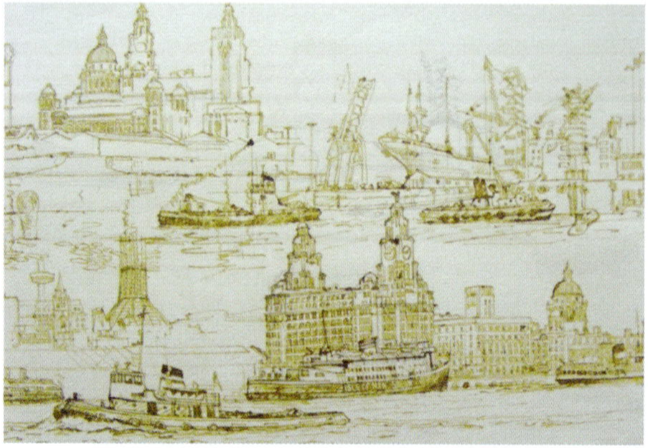

Lle arall y cafodd Frank ganiatâd arbennig i fynd iddo i wneud ei waith oedd i ben to uchel adeilad cwmni Royal Insurance yn edrych dros Lannau Merswy a de'r ddinas. Dim ond am ddeuddydd yr oedd modd iddo aros yno, felly roedd yn rhaid gweithio'n sydyn ac mae'r darluniau pen ac inc sepia yn drawiadol dros ben.

Mae'r Adeilad Liver yn adnabyddus iawn gyda'i ddau aderyn talog sy'n arwyddbais Lerpwl, ac ymysg y nodweddion eraill gwelwn Westy'r Atlantic Tower, Eglwys San Nicholas, Doc Albert ac afon Merswy.

Lluniadau o do adeilad y Royal Insurance, inc a phensil, 1984
Drawings from the Royal Insurance building roof, ink and pencil, 1984

Another location that Frank managed to get special access to work from was the roof of the Royal Insurance building overlooking the Waterfront and south of the city. He only had two days so he was having to work quickly and the sepia pen and inc drawings are remarkable for their detail.

The Liver Building is very recognisable with its two bold birds that appear on Liverpool's crest, and also notable is the Atlantic Tower Hotel, St Nicholas's Church, Albert Dock and the Mersey beyond.

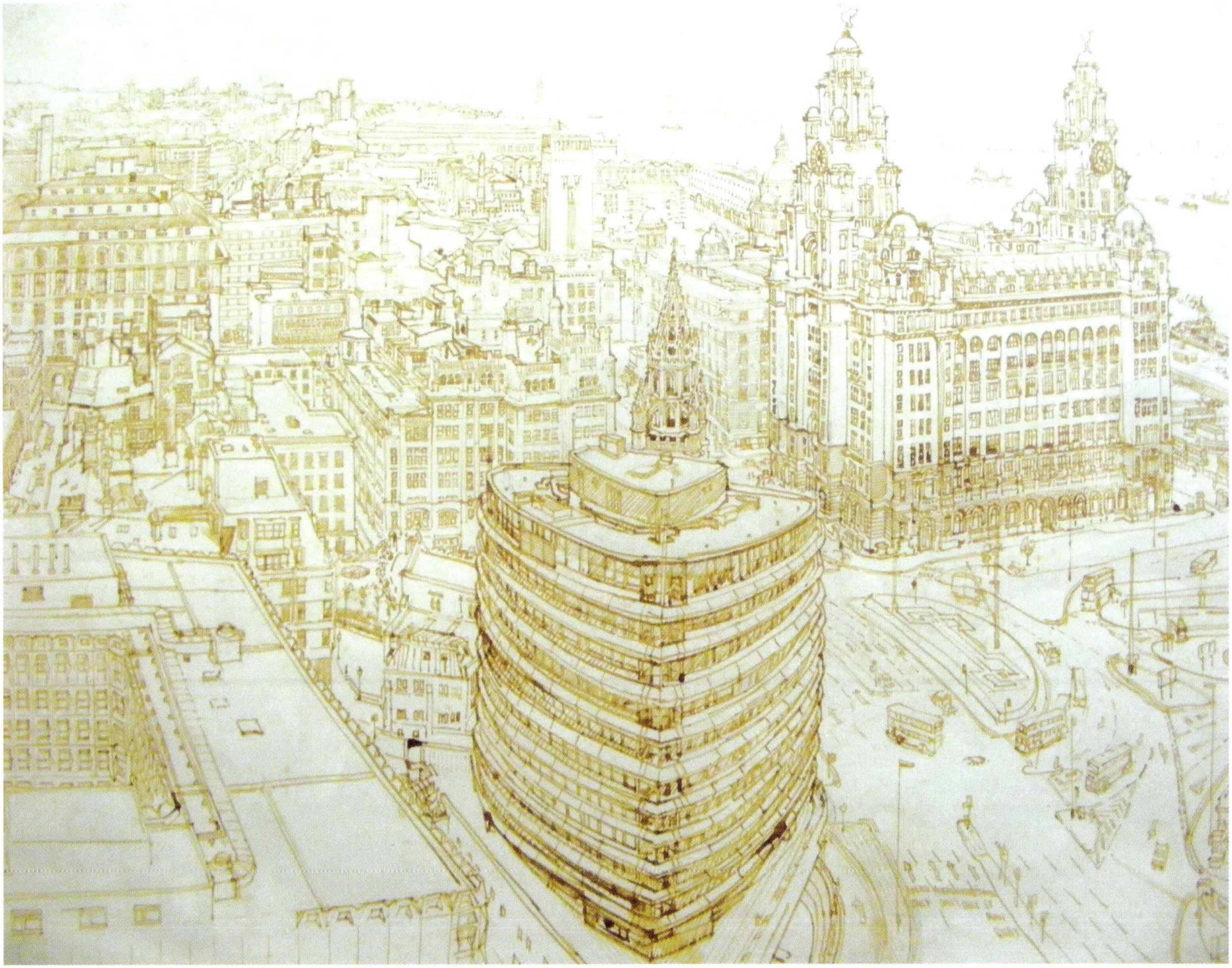

Lluniad o do adeilad y Royal Insurance, inc sepia, 1984
Drawing from the Royal Insurance building roof, sepia ink, 1984

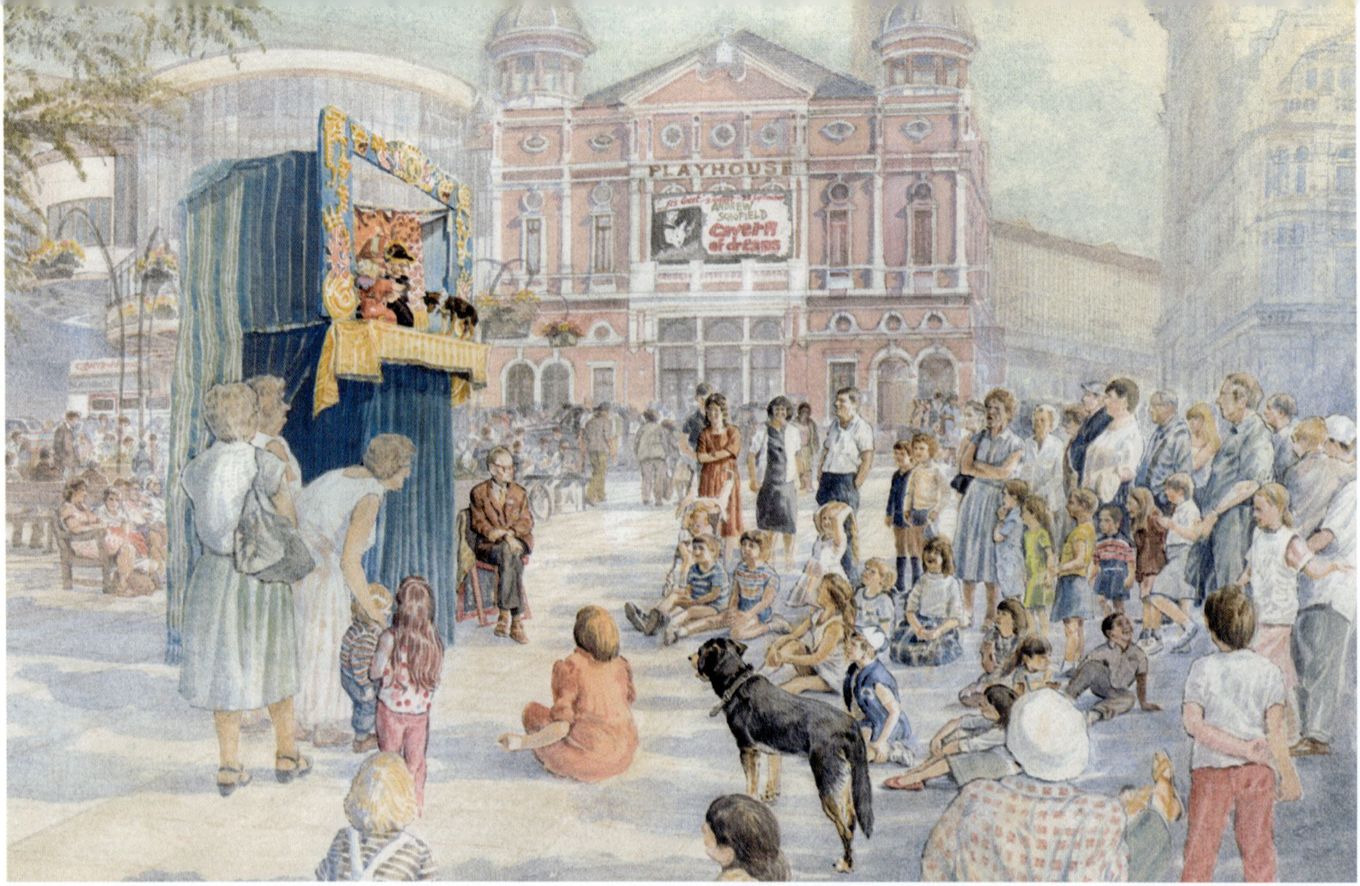

Punch & Judy, 2000 (o fraslun o'r 1980au)
Punch & Judy, 2000 (from a 1980's sketch)

Roedd sioeau Punch and Judy cwmni Codman's i'w gweld yn rheolaidd ynghanol dinas Lerpwl ar Sadyrnau a diwrnodau gwyliau yn y 70au a'r 80au. Roedd Frank wedi braslunio'r cyfan ar y pryd ond nid aeth ati i wneud y paentiad gorffenedig hwn tan yn gymharol ddiweddar. Yr hyn sy'n annwyl iawn am y darlun hwn ydi bod ei wraig Meryl a'r plant, Rhian, Ieuan a Sian i'w gweld yn mwynhau'r cyfan yn ogystal â chi y teulu sydd i'w weld yn cadw llygad barcud ar Toby, y ci bach yn y blwch!

Codman's Punch and Judy shows were a popular attraction in Liverpool city centre on Saturdays and holidays in the 70's and 80's. Frank documented the scenes in his sketchbooks but he didn't go on to complete a painting until fairly recently. Particularly touching in this image is that his wife Meryl and three children; Rhian, Ieuan and Sian are in the crowd enjoying the show well as the family dog in the foreground, his gaze transfixed on Toby, the small dog in the booth!

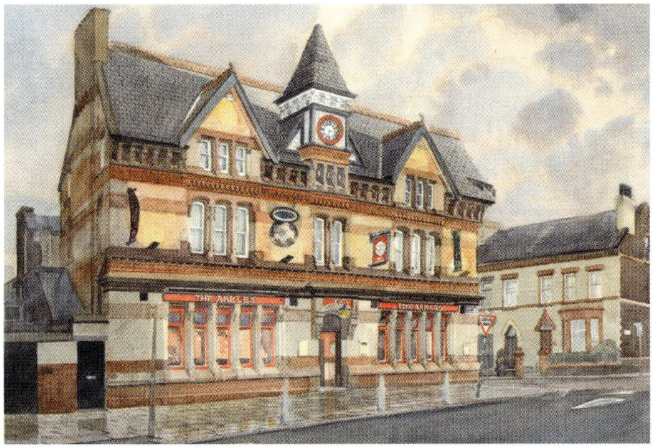

The Arkles Pub, Arkles Lane, 2004

Mae tafarnau'r Arkles a'r Sandon yn agos at stadiwm Anfield gyda'r Sandon yn rhan o hanes clwb Lerpwl ac Everton fel ei gilydd. Roedd Everton yn arfer chwarae yn Anfield, ar dir John Houlding, perchennog y Sandon, ond yn 1892, yn dilyn ffrwgwd am gostau rhentu tir, symudodd y tîm i chwarae yn Goodison. Dechreuodd John Houlding dîm newydd yn Anfield a ddatblygodd yn Glwb Pêl-droed Lerpwl. Roedd chwaraewyr Everton wedi defnyddio tafarn y Sandon fel clwb i newid i'w dillad pêl-droed a cherdded oddi yno i'r maes.

Roedd Ysgol Arnot Street yn Walton yn un o nifer o strydoedd gan yr adeiladwr o Fôn, Owen Elias (1806-1880) a'i fab William Owen Elias.

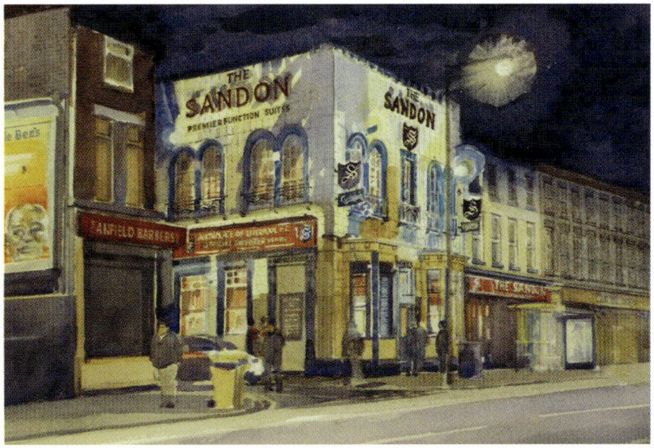

The Sandon, Anfield Road, 2012

The Arkles and Sandon pubs are both located close to Anfield with the Sandon closely linked to the history of both Everton and Liverpool teams. Everton of course famously started playing at Anfield, on land belonging to John Houlding, licencee of the Sandon pub, before a dispute about an increase in land rental charges in 1892 saw them move to Goodison. John Houlding then established a new team at Anfield, which became Liverpool Football Club. The Everton team had used the Sandon as a clubhouse, getting changed there and walking to the ground.

Arnot Street School in Walton was in one of the many streets built by Welsh builder Owen Elias (1806-1880) and his son William Owen Elias.

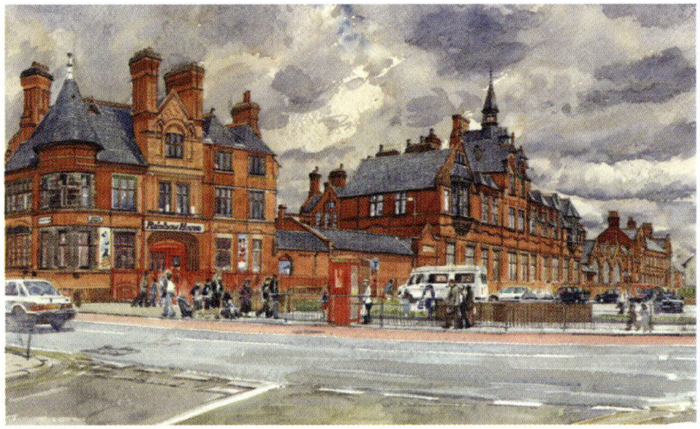

Arnot Street School, 2012

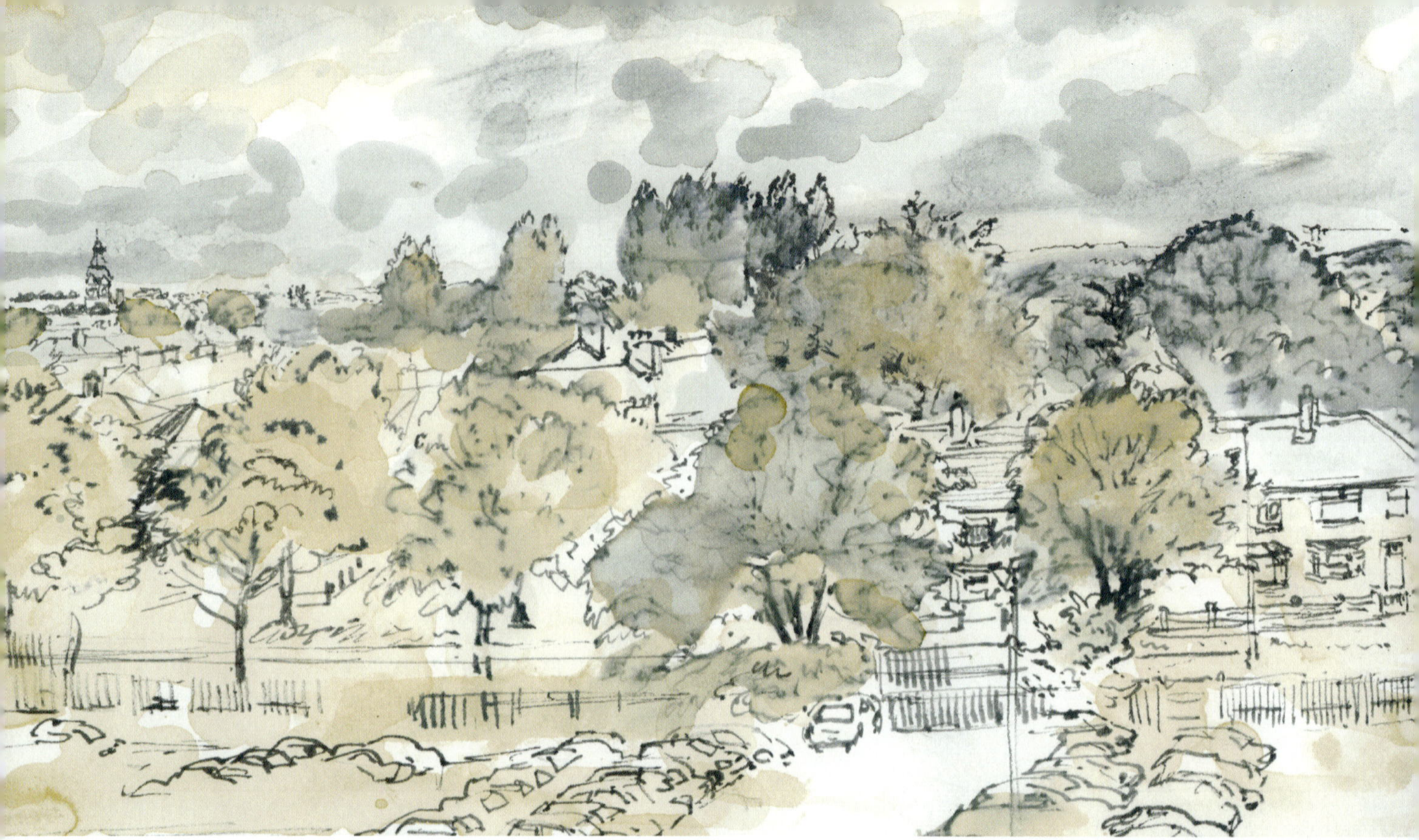

Golygfa o Ward 3, Ysbyty Fazakerley, lluniad yn defnyddio ffelt pen, coffi a siocled, 2007
View from Ward 3, Fazakerley Hospital, drawing using felt pen, coffee and chocolate, 2007

Bu Frank yn wael a bu'n rhaid iddo dreulio cyfnod byr yn yr ysbyty yn 2007 ond unwaith yr oedd yn ddigon da i ddechrau lluniadu eto, dyma ddechrau gweithio o'i wely a chofnodi'r olygfa y tu allan i'w ffenest ar Ward 3 yn Ysbyty Fazakerley gyda ffelt pen, coffi a siocled di-siwgr yr oedd un o'r cleifion eraill wedi'i roi iddo – yr unig arfau wrth law!

Er fod y deunyddiau yn gyntefig, mae'r lluniad yn hyfryd gyda choedydd a thai i gyfeiriad Fazakerley. Unwaith eto mae'r manylion yn bwysig ond mae bywiogrwydd arbennig i'r gwaith. Gellir dadlau fod y cariad sydd ganddo at ei ddinas a'i grefft yn troi'n obsesiwn ond mae'n fwy addas eu gweld fel rhannau annatod o'i gymeriad, un sy'n teimlo'n angerddol dros bethau ond sydd hefyd yn barod i gyfaddawdu a braslunio gyda choffi a siocled!

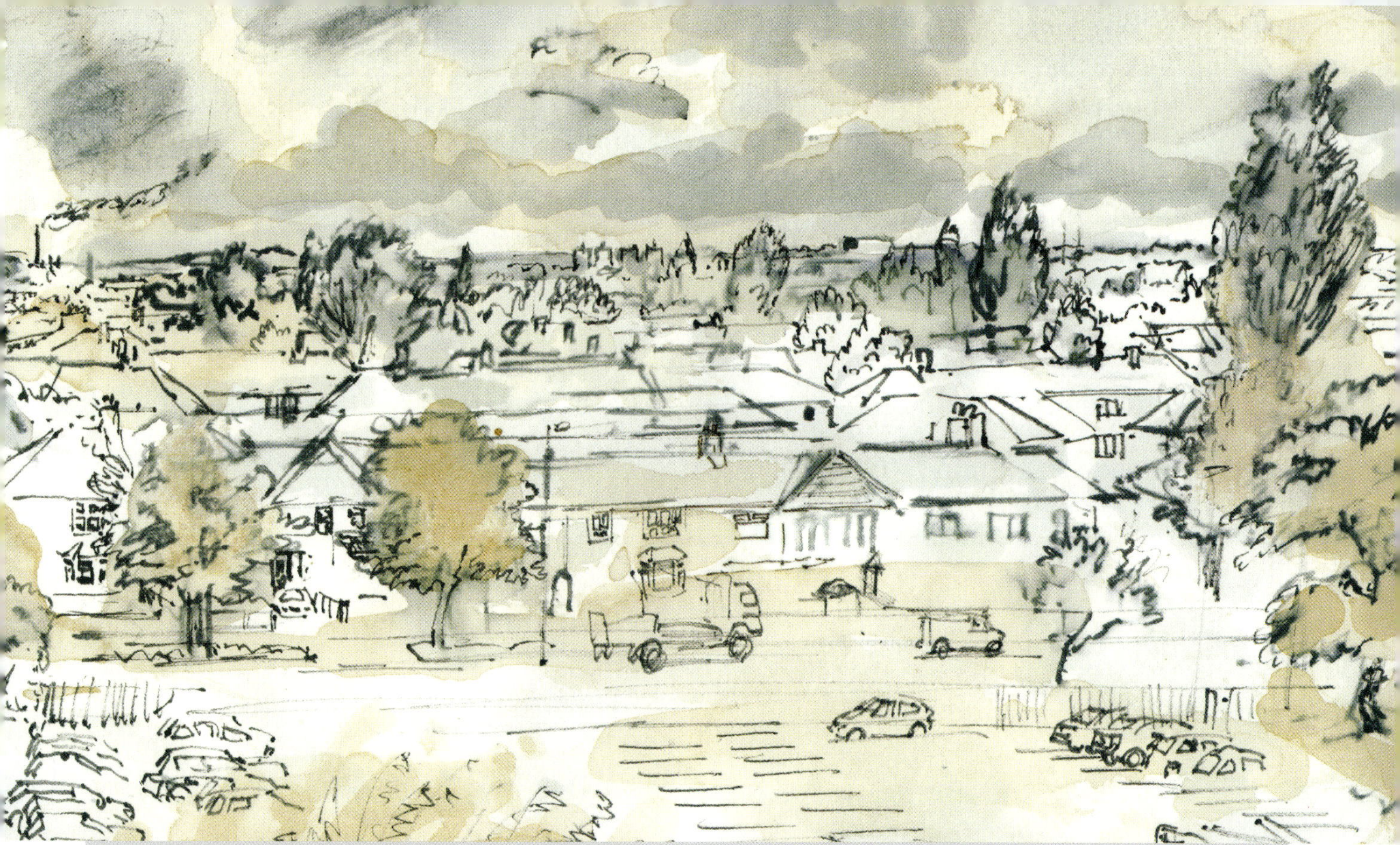

Frank was ill and had to spend a short period in hospital in 2007 but once he was well enough he started drawing again, working from his bed he started with the view through the window of Ward 3, Fazakerley Hospital using a felt pen, coffee and some diabetic chocolate given to him by one of the other patients, the only materials to hand!

Even though his materials were primitive he has produced a lovely drawing with a view of the woods and houses towards Fazakerley. Once again the details are important to him but there is a particular vitality to the work. It could be argued that his love for his city and craft have turned into an obsession it is more appropriate to see them as integral parts of his character, one who cares deeply for his passions but is also ready to compromoise and sketch with coffee and chocolate!.

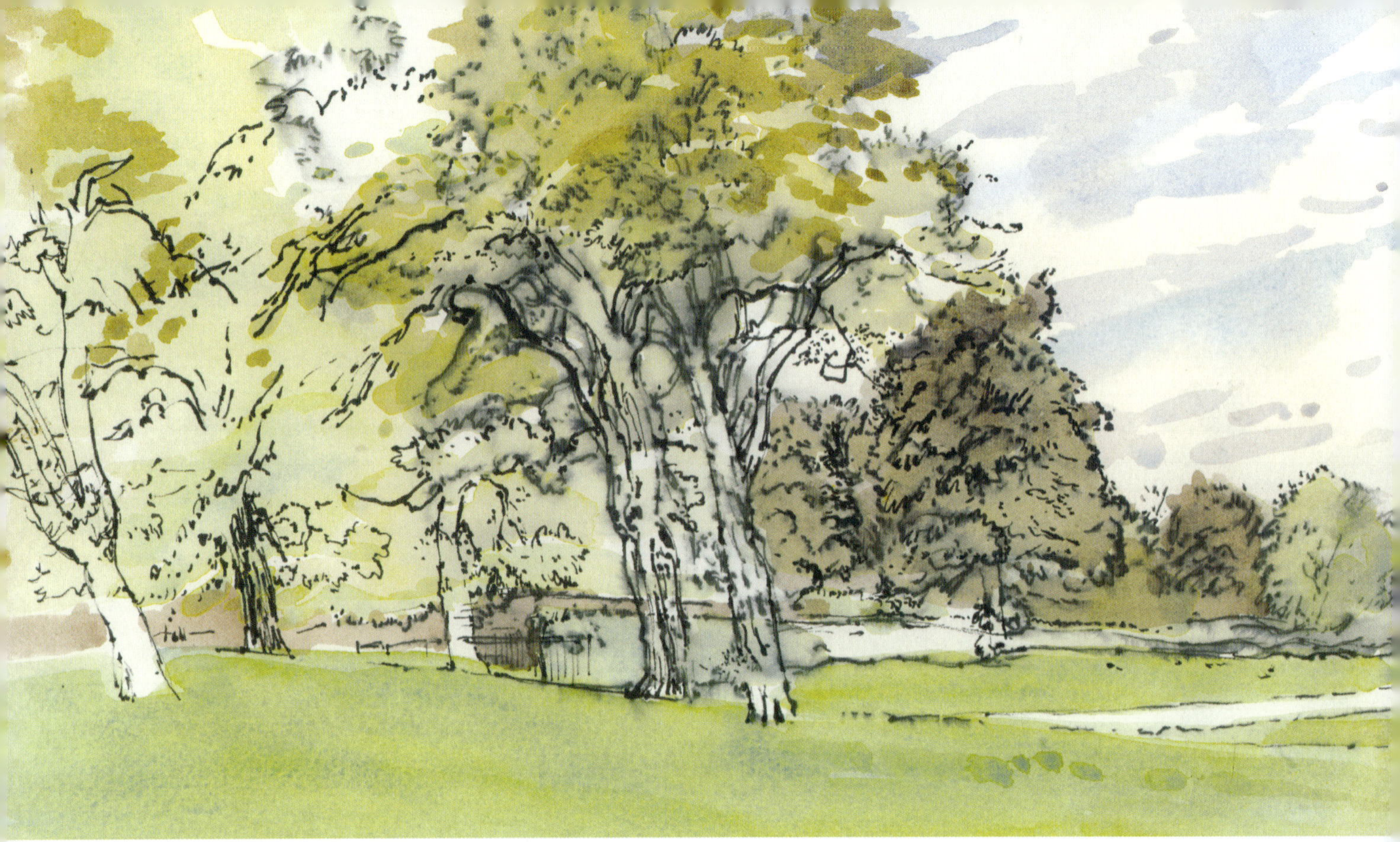

Stanley Park gyda Phoplys Du a Lombardy, 2007
Stanley Park with Black and Lombardy Poplars, 2007

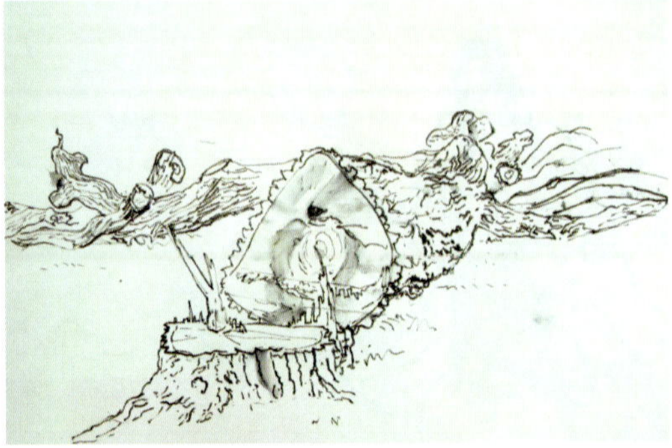

Bralsun Poplys du wedi'u dymchwel, braslun, 2007

Gydag eraill, bu Frank yn protestio yn erbyn dymchwel y coed Poplys Du yn Stanley Park gan Gyngor Dinas Lerpwl yn 2007. Roedd y Cyngor yn cefnogi cynllun ehangu stadiwm pêl-droed Anfield a'r peth cyntaf i fynd oedd y coed – rhywogaeth sy'n cael ei chyfrif ymysg y mwyaf tebygol o ddiflannu. Yn enwog oherwydd y portread ohonynt yn mhaentiad enwog *The Hay Wain* John Constable, aeth y coed yn brin oherwydd eu hyblygrwydd – maent yn goed caled iawn ac yn addas i wneud saethau, trawstiau cychod ac yna carnau gynnau i'r Ail Ryfel Byd. Drwy roi caniatâd cynllunio i dorri'r coed yn Stanley Park, gosododd Cyngor Dians Lerpwl gynsail ac nid oes unrhyw barc yn ddiogel rhag datblygiad bellach.

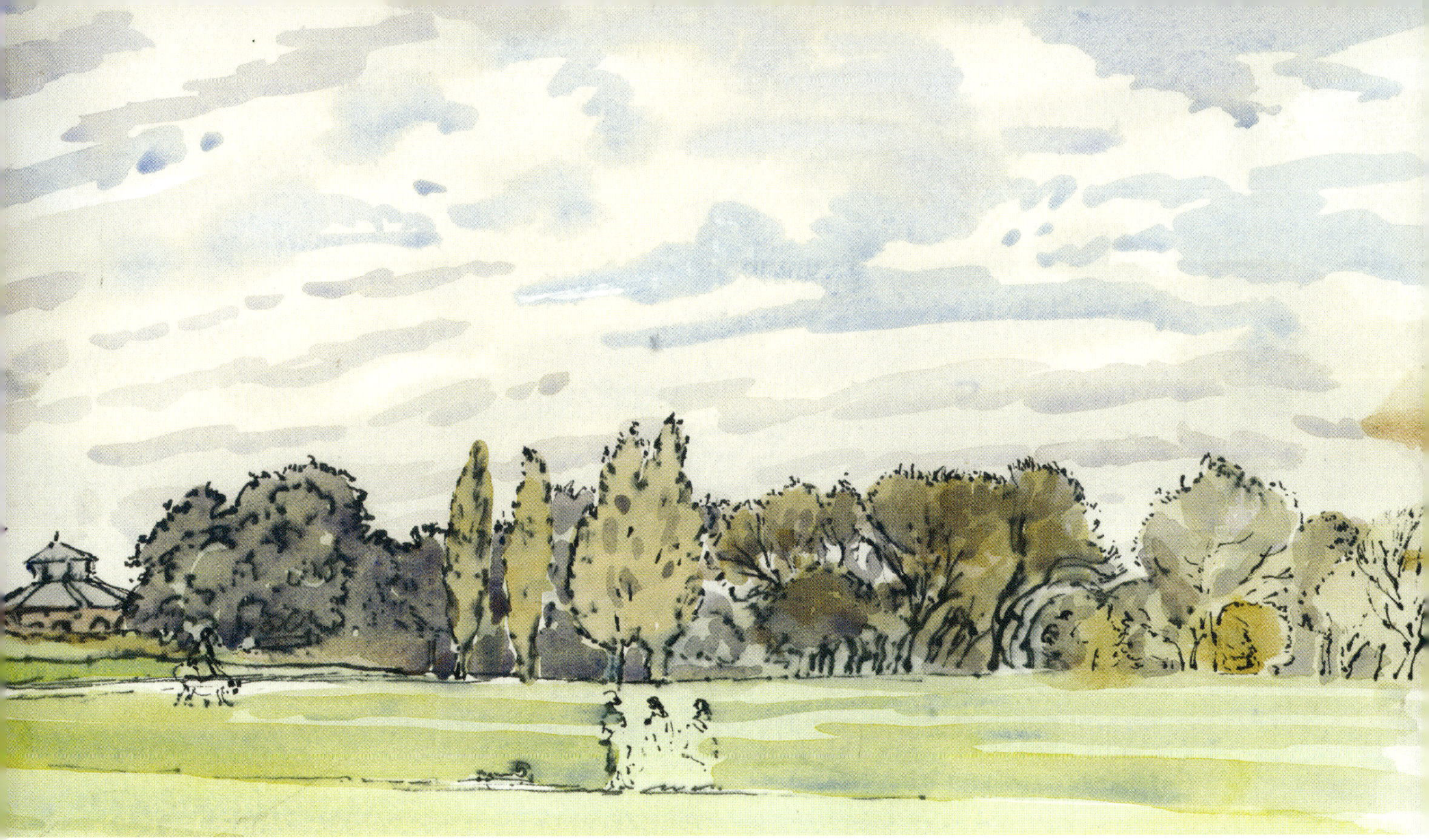

Along with others, Frank protested against the felling of the Black Poplar trees in Stanley Park by Liverpool City Council in 2007. The Council were supporting an expansion plan by Liverpool FC and the first thing to go were the trees – a specimen that's counted amongst the most endangered. Famously seen in John Constable's painting *The Hay Wain*, the trees scarcity is down to its usefulness – its hardwood was used for arrows, building ships and then riflebutts during the Second World War. Liverpool City Council has set a precedent and no park in Britain is now safe from developement.

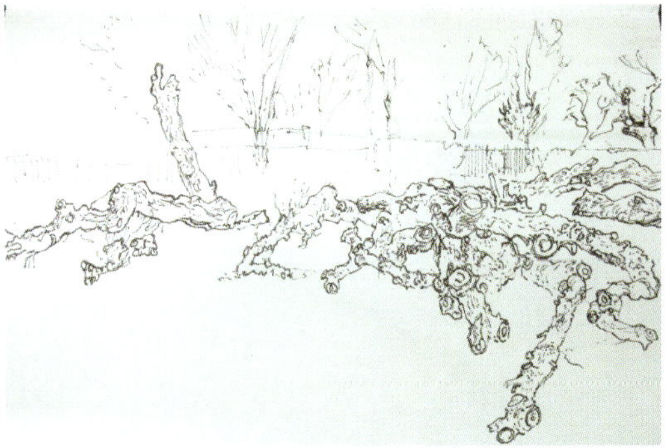

Black Poplars, felled; sketches, 2007

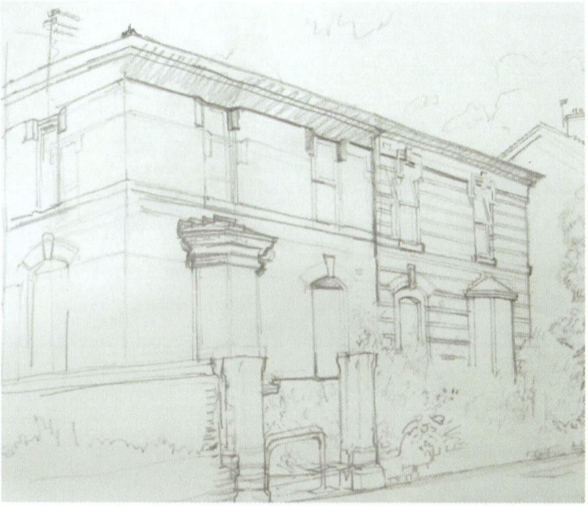

Tŷ W. G. Herdman; braslun, 2009
W. G .Herman's house, sketch, 2009

Cafodd cartref W. G. Herdan, yr arlunydd a gofnododd ddatblygiad cynnar Lerpwl fel tref, ei ddymchwel yn 2011. Oherwydd natur ei destun a cheinder ei waith, roedd Herdman yn un o arwyr mawr Frank ac fe ymgyrchodd i geisio cael Cyngor y Ddinas a Threftadaeth Lloegr i gydnabod pwysigrwydd diwylliannol y tŷ a'i achub, ond yn ofer. Daeth y Jac Codi Baw i'w ddymchwel, gan dristáu a gwylltio Frank.

Cwblhawyd adeiladu eglwys St Anthony of Padua ym 1932, dan gyfarwyddiaeth Mynaich Ffransisgaidd o'r UDA ac mae'r nenfwd yn seiliedig ar gynllun un y fam-eglwys yn Efrog Newydd.

The house where W. G. Herdman, the artist that documented Liverpool's early development as a town, had lived in was demolished in 2011. Because of his subject matter and the quality of his work, Herdman was one of Frank's hero's and he campaigned for Liverpool City Council and English Heritage to recognise the cultural importance of the property and rescue it from its fate, but to no avail, and it was demolished, much to Frank's distress and chagrin.

St Anthony of Padua's church was completed in 1932, built under instruction of a USA based Franciscan Friary and with the cupola design based on that of the mother church in New York.

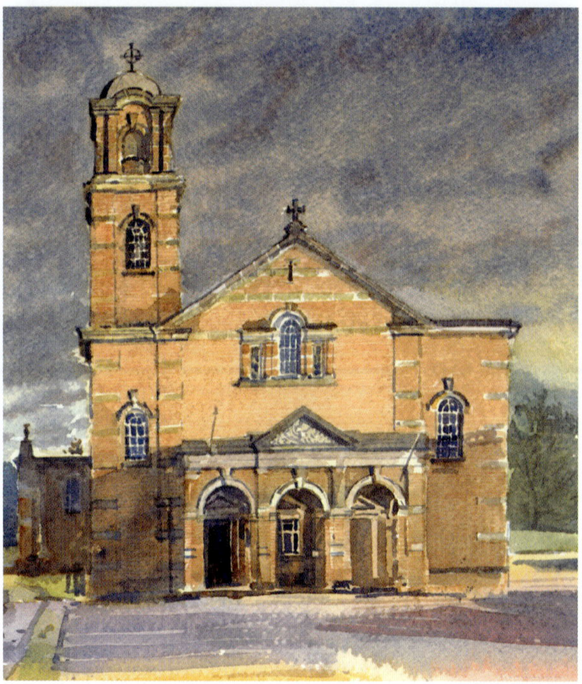

St Anthony's of Padua, Queen's Dive, 2001

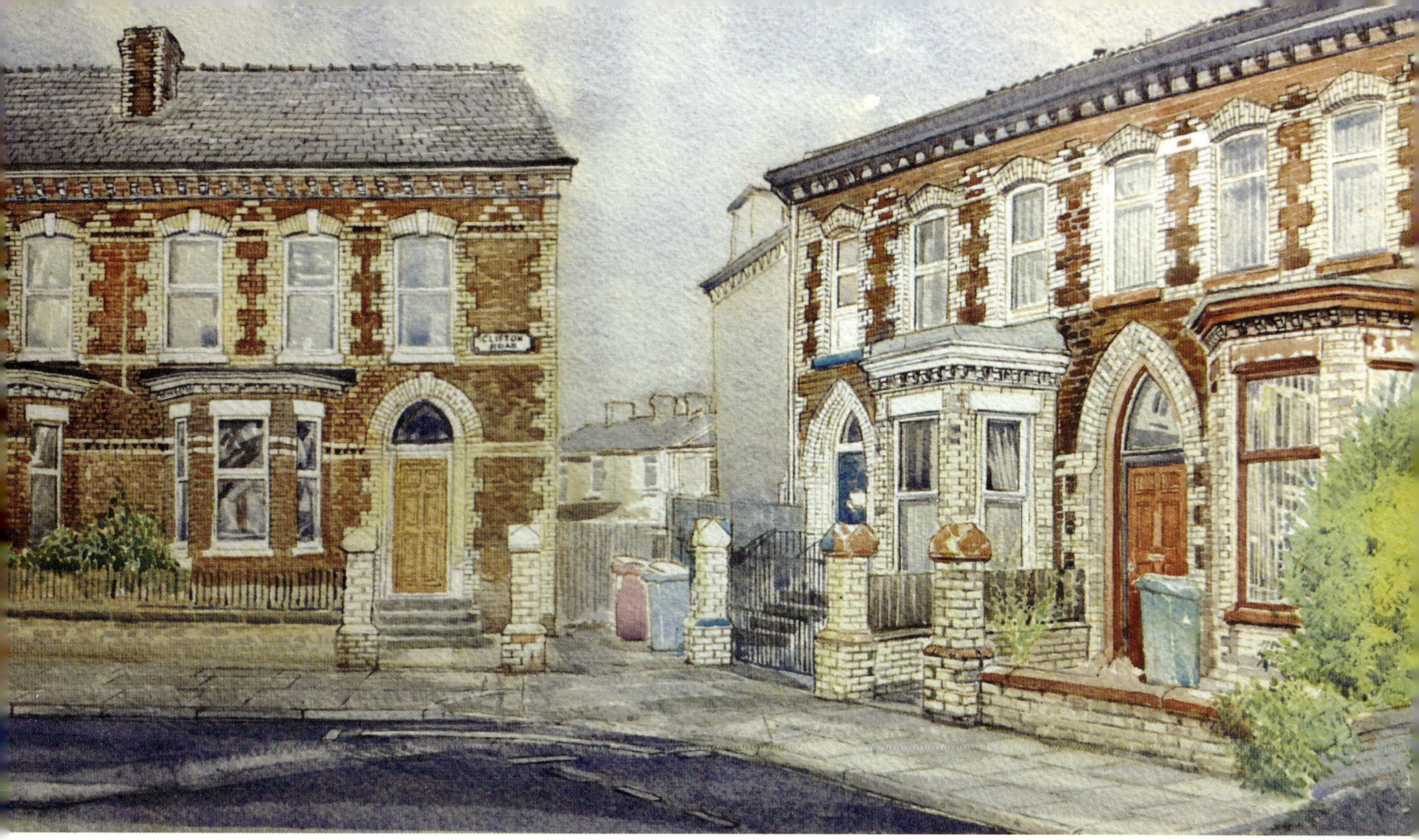

Clifton Road, 2014

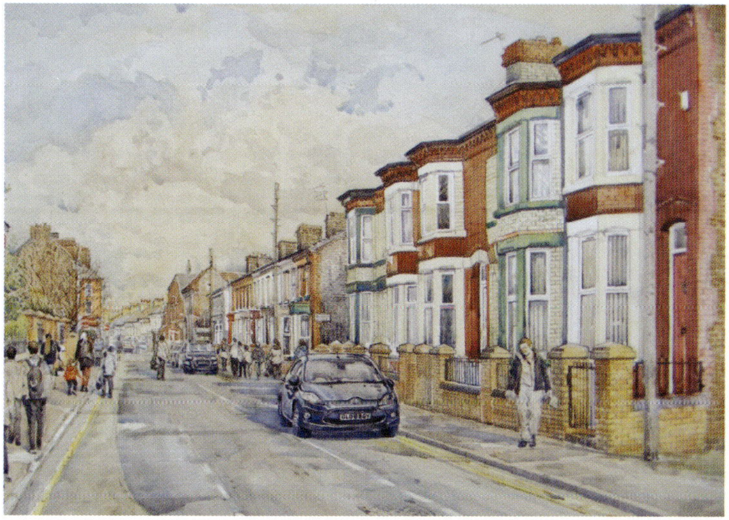

Domingo Grove, 2014

Mae Clifton Road yn enghraifft da o'r tai a adeiliadwyd gyda phatrwm nodweddiadol i'r gwaith brics tra bod llawer o nodweddion addurnol Domingo Grove, un o strydoedd y brodyr Williams Ysgubor Hen, wedi hen ddiflannu o dan haenau o baent.

Clifton Road is a good example of the decorative brickwork built into the house designs while many of Domingo Grove's features have been lost under layers of paint. Domingo Grove was built by the Williams brothers of Ysgubor Hen.

Un o'r adeiliadwyr mwayf llwyddiannus o Gymru oedd William Jones (1840-1919) a aeth i Lerpwl yn saer yn 1860 a gorffen ei yrfa yn Faer Bootle.

Gwnaeth gymaint o enw iddo'i hun fel datblygwr yn ardaloedd Bootle, Everton, Toxteth ac Orrell nes iddo gael y llysenw 'Klondyke Bill' a galwyd yr ardal o 500 o dai a adeiladodd ar hen Stâd Bootle Hall yn Ystad Klondyke. Roedd y rhain ymysg y tai cyntaf ym Mhrydain i gael cyflenwad trydan. Sefydlodd waith brics ar ei fferm ym Môn i gyflenwi'r gwaith adeiladu. Yn 2008 cyhoeddodd Cymdeithas Preswylwyr Klondyke *Klondyke Kaleidoscope* i ddathlu ei gyfraniad i ddinas Lerpwl. Mae llawer o'i strydoedd wedi, neu ar fin cael eu dymchwel, gan gynnwys yr un a gofnodir isod.

William Jones (1840-1919) was one of the most successful Welsh builders and ended up becoming Mayor of Bootle.

Arriving as a carpenter in 1860 he quickly gained a reputation as a developer and was responsible for large areas of Bootle, Everton, Toxteth and Orrell, gaining the nickname 'Klondyke Bill'. 500 houses he built on the old Bootle Hall Estate became known as the Klondyke Estate, and were among the first houses in Britain to get an electricity supply. Much of the bricks for his construction work came from brickworks he established in his native Anglesey. In 2008 the Klondyke Residents Association published *Klondyke Kaleidoscope* to celebrate his contribution to Liverpool. Several of his streets have been, or are currently being demoslished, including the one illustrated below.

Croesffordd Thornton Avenue a Springwell Road, 2014
Junction of Thornton Avenue and Springwell Road, 2014

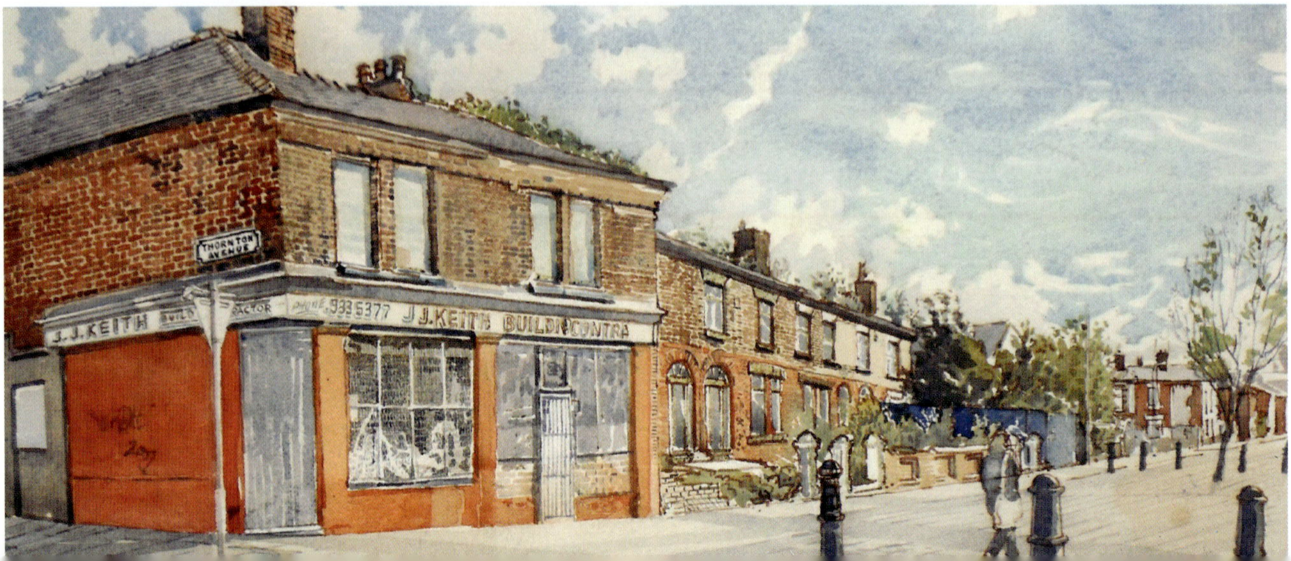

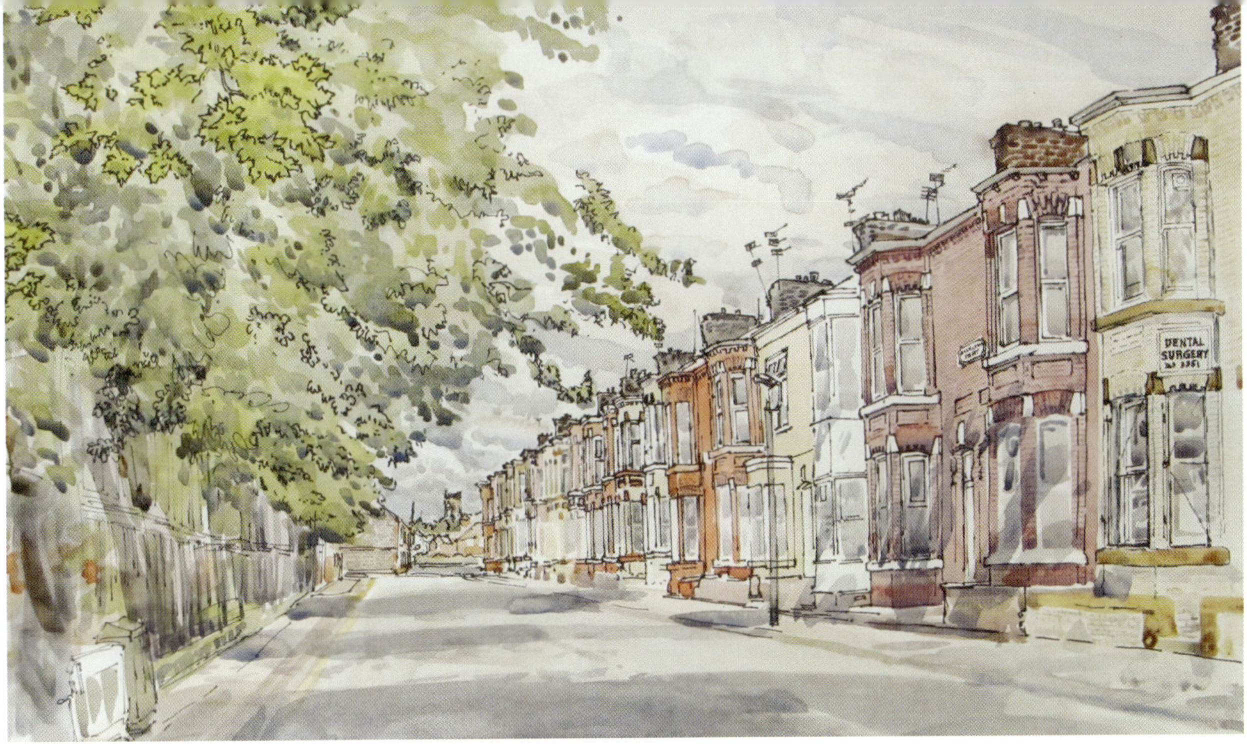

Donaldson Street, 2011

Roedd teulu adeiladwyr y brodyr Williams wedi symud i Lerpwl o ffermdy Ysgubor Hen yng Nghilan, Abersoch ac ymysg eu strydoedd mae'r Old Barn Road, wedi'i henwi i gofnodi eu cartref yn Llŷn. Roedd chwe brawd i gyd, gyda phump wedi symud i Lerpwl: Griffith (1833-1886), Robert (1834-1881), Richard (1838 -1881), John (1841-1911) ac Elias (1842-1902). Rhyngddynt buont yn gyfrifol am adeiladu llawer iawn yn ardaloedd Everton, Walton a Toxteth ac ymysg eu strydoedd mae St Domingo's Grove a St Domingo Vale, Aber Street, Lavan Street, Saxon Street, Rocky Lane, Sleepers Hill, Breck Road ac Oakfield Road lle mae siop Frank.

The Williams family of builders had moved to Liverpool from Ysgubor Hen Farm in Cilan, Abersoch and among the streets they developed is Old Barn Road, named after their home on the Llŷn Peninsula. Five of the six brothers moved to Liverpool, Griffith (1833-1886), Robert (1834-1881), Richard (1838 -1881), John (1841-1911) and Elias (1842-1902). Between them they were responsible for developing many streets in the Everton, Walton and Toxteth areas including St Domingo's Grove and St Domingo Vale, Aber Street, Lavan Street, Saxon Street, Rocky Lane, Sleepers Hill, Breck Road and Oakfield Road where Frank has his shop.

Mae Tenby Street yn un o'r strydoedd teras nodweddiadol yr aeth Frank ati i'w cofnodi cyn iddynt gael eu dymwchwel. Yn y llun hwn, gwelwn y modd y tynnodd ein sylw at y manylion a'i ddiddordeb yn y gwaith brics. Wrth iddo weithio ar y strydoedd, a chofnodi cymaint o'u cymeriad, daeth yn gyfarwydd â nifer o'r patrymau addurnol oedd yn cael eu hymgorffori i'r gwaith brics ac yn aml byddai'n teimlo'n flin fod perchnogion tai wed'ui paentio, neu yn waeth fyth, wedi plastro wynebau'r tai, gan ddifetha golwg aesthetig y stryd. Wedi iddo ddod yn gyfarwydd â llawer o'r strydoedd, mae'n grediniol fod gan yr adeiladwyr Cymreig eu patrymau eu hunain a bod balchder yn eu gwaith yn rhan o'r rheswm pam eu bod yn rhoi gorffeniad addurnol i'r tai.

Pan baentiodd Frank Tenby Street, roedd y tai wedi'u clirio a'r ffenestri wedi'u gorchuddio. Roedd y stryd yn aros yn dawel am y criw chwalu. Dyma gyflwr a thynged drist llawer o'r strydoedd y mae Frank yn eu cofnodi, gyda Chyngor Lerpwl, yn wahanol i lawer o ddinasoedd eraill Prydain, yn dewis dymchwel yn hytrach na gwarchod a moderneiddio'r tai teras.

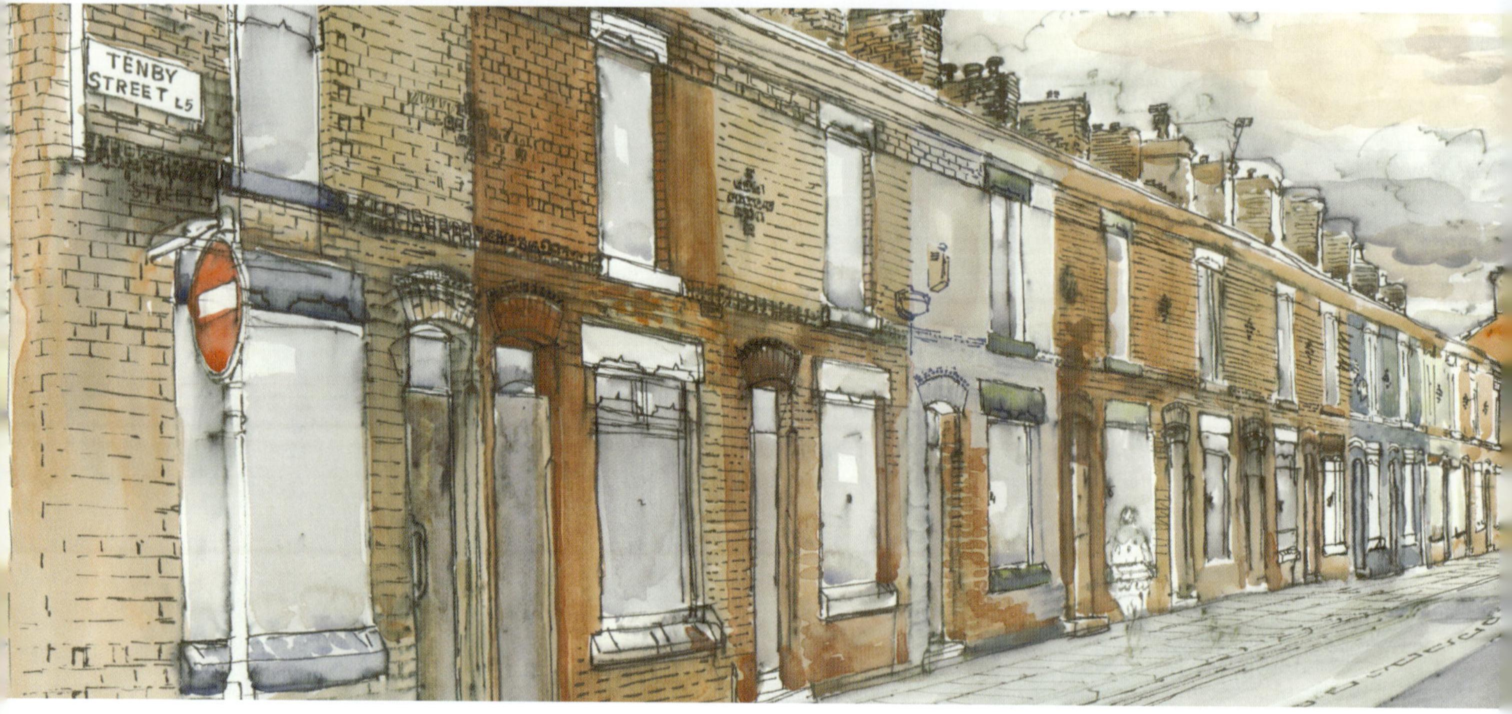

Tenby Street, braslun/sketch, 2007

Tenby Street is one of the typical terraced streets that Frank sought to document before it was demolished and illustrates his attention to detail and interest in the brickwork. Having worked in, and documented so many of the streets he has become familiar with the many different small decoratavie touches included in the brickwork and would often curse the home ownwers who had painted over, or worse still, clad the front of their houses, and ruining the aesthetic appearance of the street. Having studied and painted numerous streets he believes that the Welsh builders often incorporated their own brick patterns and the pride they had in their work is one of the reasons for the decorative flourishes they gave to their houses.

When Frank painted Tenby Street the houses had been cleared and the windows boarded over, the area waiting quietly for the demolition team to arrive. This is the sad state and fate of many of the streets he currently paints with Liverpool Council choosing to demolish rather than protect and modernise the terraces.

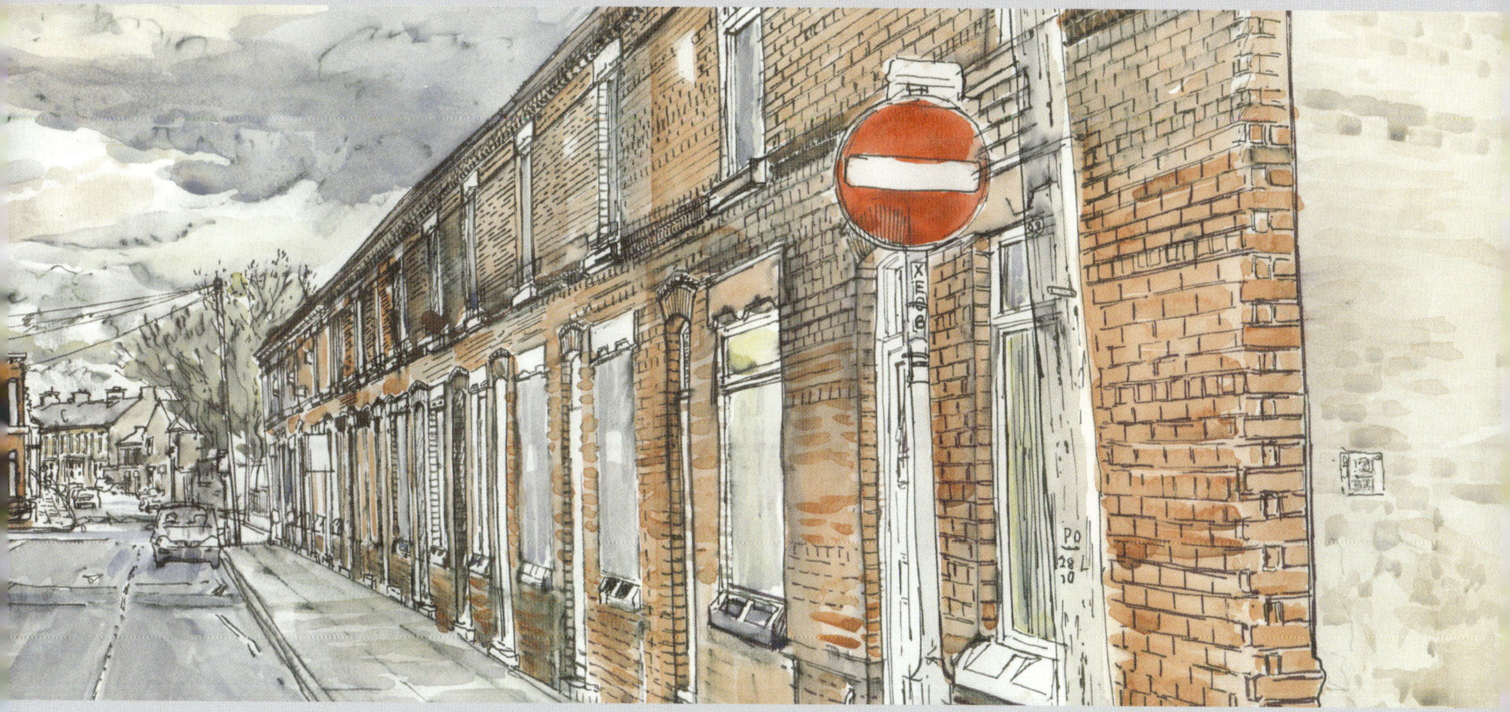

Yn agos at Oakfield Road, mae Granton Road yn un o'r strydoedd sydd wedi'i dymchwel fel rhan o ailddatblygiad eang ardal Anfield. Dywed Frank ei bod yn "yn wirion dymchwel Granton Road a chymaint wedi'i wario yno ar ffenestri dwbl, ceginau, ystafelloedd ymolchi, toau newydd ac ati dros y blynyddoedd diwethaf – does dim synnwyr economaidd i'r peth".

Yn nodweddiadol o'i ffordd o weithio ers y dechrau un, bydd Frank yn cynhyrchu nifer o frasluniau yn ogystal â phaentiad gorffenedig.

Close to Oakfield Road, Granton Road is one of the streets demolished as part of the large-scale redevelopment of the Anfield area. Frank says that it "seemed ridiculous to demolish Granton Road after so much money had been spent on double glazing, new kitchens, bathrooms and roofs over the past few years – it made no economic sense."

In keeping with his way of working over many years, Frank works on a series of sketches as well as completed paintings.

Granton Road, 2009

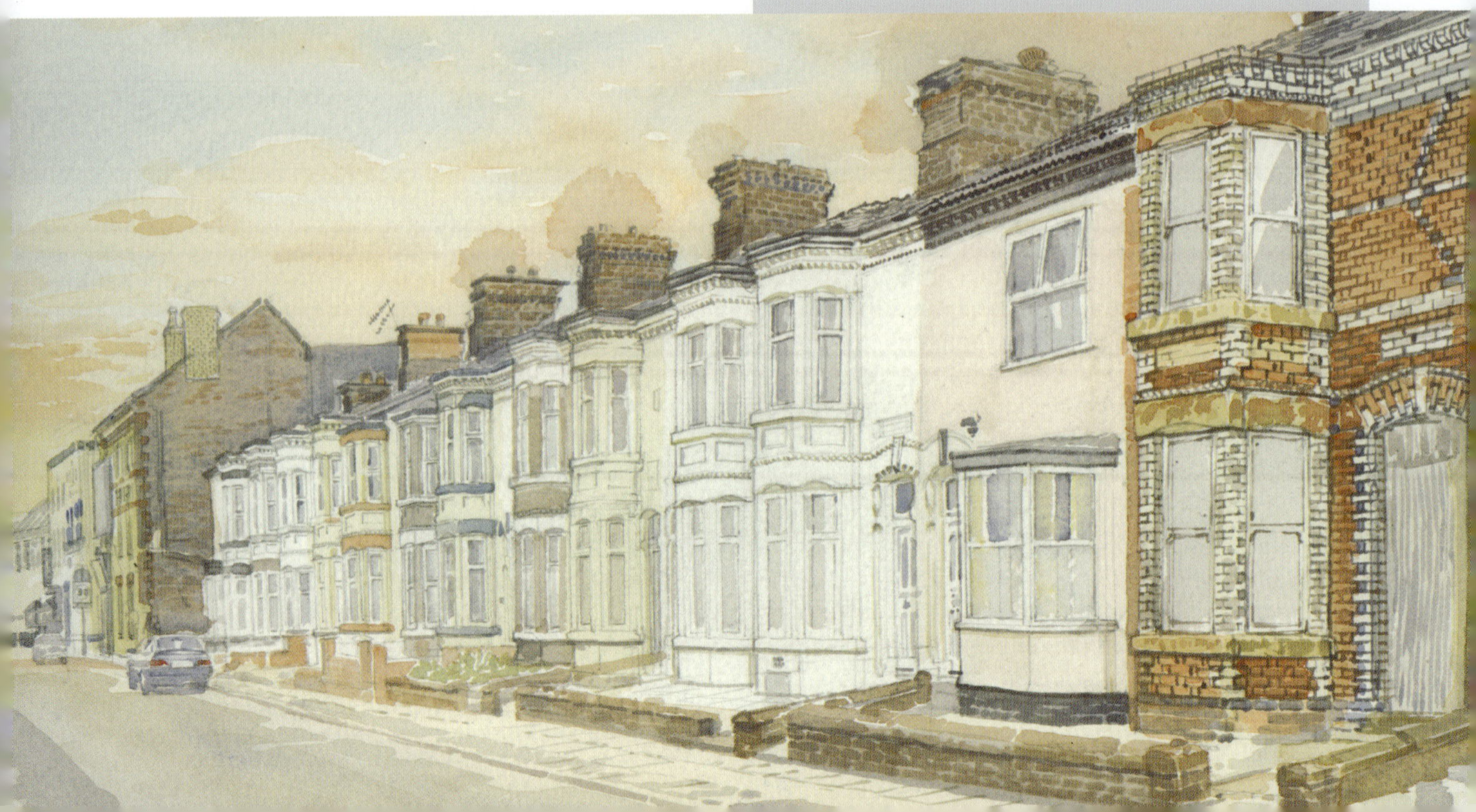

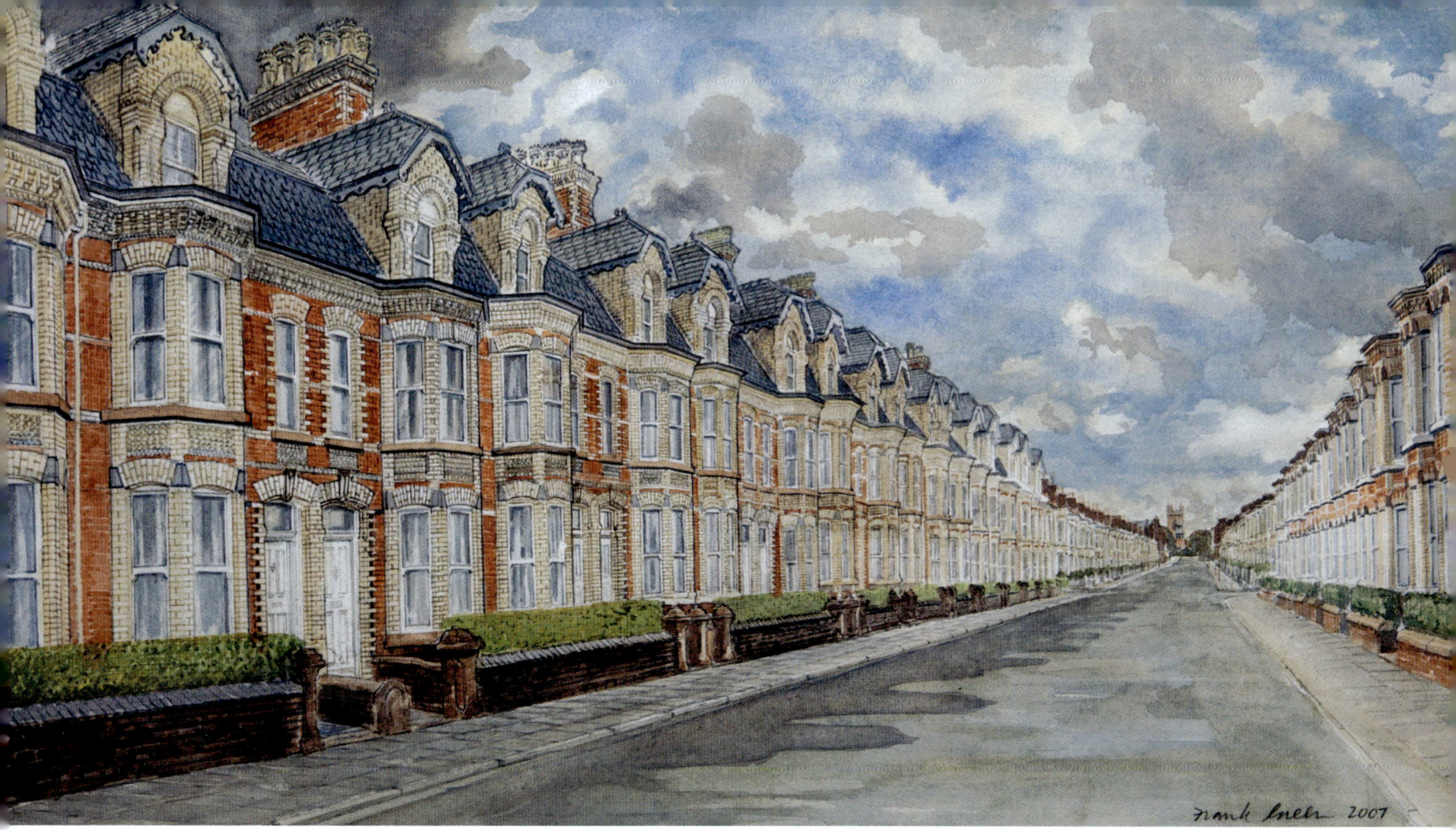

Herschell Street – sut y gallai fod wedi wedi edrych, 2007
Herschell Street - how it could have looked, 2007

Ger llaw Granton Road, mae Herschell Street sydd hefyd wedi'i dymchwel fel rhan o'r cynllun ailddatblygu. Yma mae Frank yn gwneud protest dawel wrth baentio'r stryd fel y gallasai fod wedi edrych pe bai wedi cael ei hadnewyddu i'w hen ysblander.

Near Granton Road, Herschell Street has also been demolished as part of the redevelopment programme. Here Frank has made his silent protest by painting the street as it could have looked had it been restored to its former glory.

Dyma un o weithiau diweddaraf Frank. Mae'n perthyn i'r ardal lle bu'r brodyr Williams o Ysgubor Hen yn adeiladu. Mae hon yn groesffordd brysur yn edrych i gyfeiriad ardal a elwir yn Sleepers Hill. Mae'r darluniau hyn yn dangos peth o broses weithio Frank mewn dyfrlliw, gyda mwy nag un fersiwn o'r olygfa ar y gweill ac yna un yn cael ei gwblhau.

Wedi iddo ddod yn enwog yn Lerpwl, mae llawer yn ei chyfri'n dipyn o fraint os ydi Frank yn dod i gofnodi eu stryd ac yn dod ato i ddweud eu bod wedi bod yn aros blynyddoedd iddo ddod i'w hardal. Mae'n braf gweld stryd brysur, lawn bywyd yma – gwrthgyferbyniad llwyr i lawer o'r gwaith mwyaf diweddar lle mae'r strydoedd yn aros eu tranc yn wag a distaw.

Robson Street tua Sleepers Hill, brasluniau parotoadol, 2014
Robson Street towards Sleepers Hill, preparatory sketches, 2014

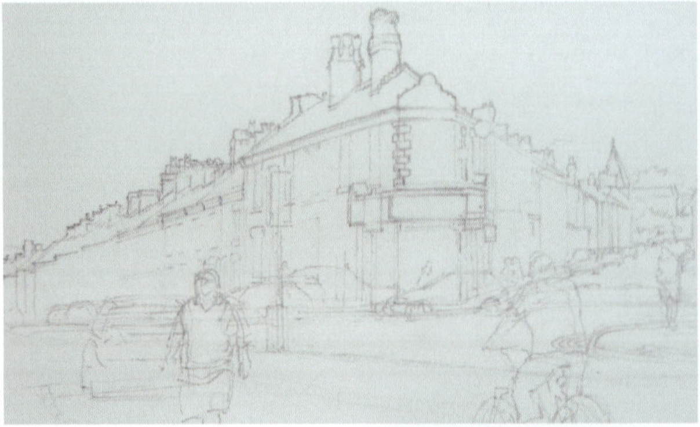

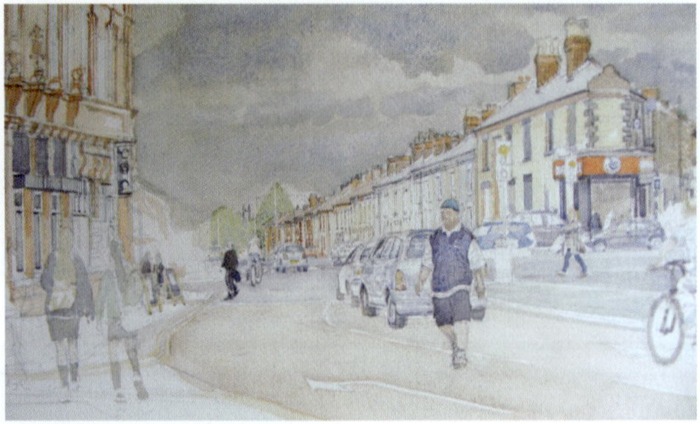

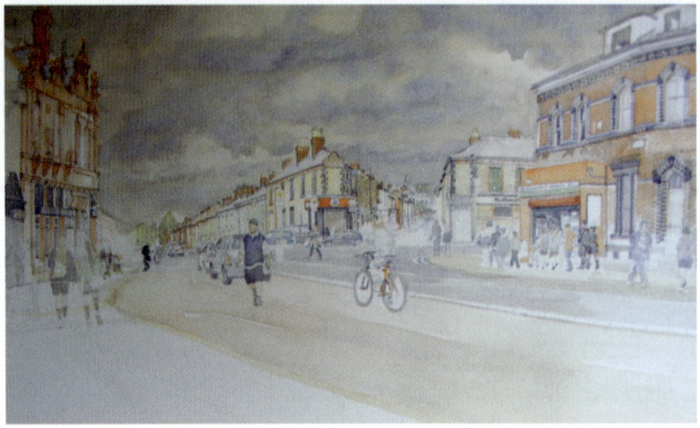

This is one of Frank's most recent works. The Williams brothers of Ysgubor Hen were responsible for many of the buildings in this area where the busy crossroads overlook an area known as Sleepers Hill. These images show some of Frank's working processes as he creates a watercolour, with more than one version of the scene in progress at the same time and one then being completed being taken to completion.

Well known in Liverpool its now considered quite a coup if Frank comes to paint your area and he often has people approaching him to say how they have been waiting years for him to depict their streets. It's good to see a vibrant street scene here – a stark contrast to much of the most recent work where empty streets are silently awaiting their fate.

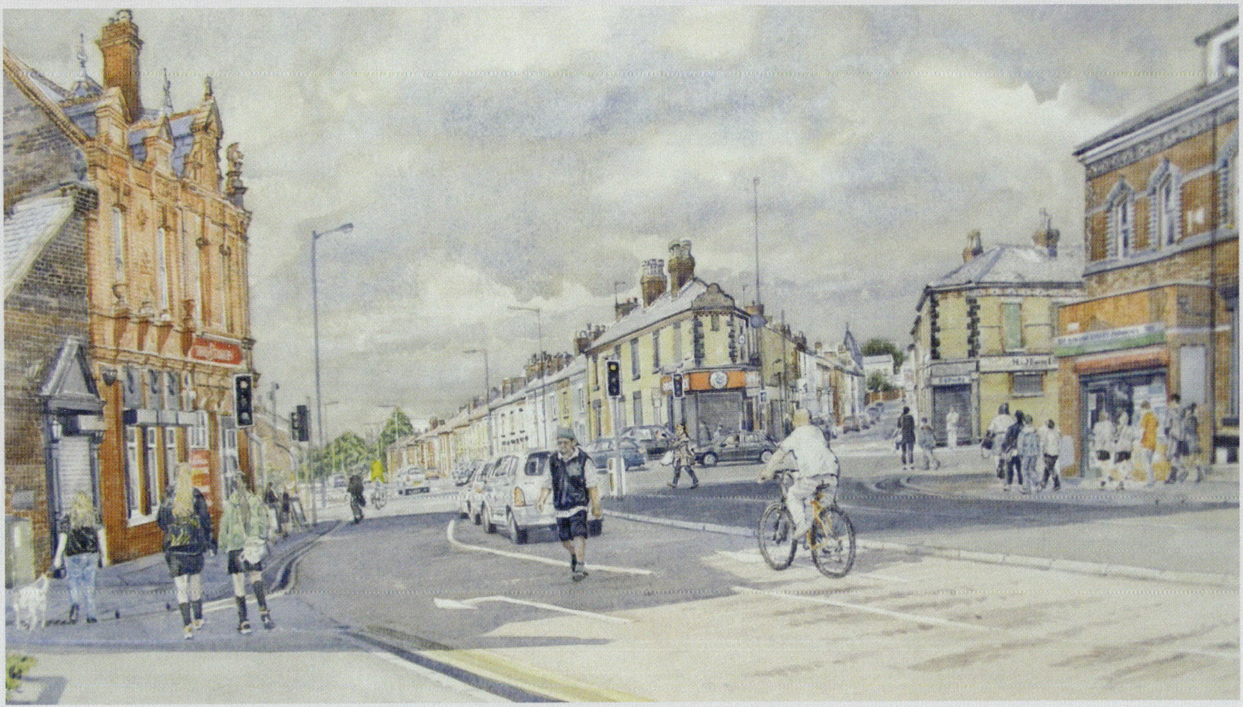

Robson Street tua Sleepers Hill. 2014
Robson Street towards Sleepers Hill. 2014

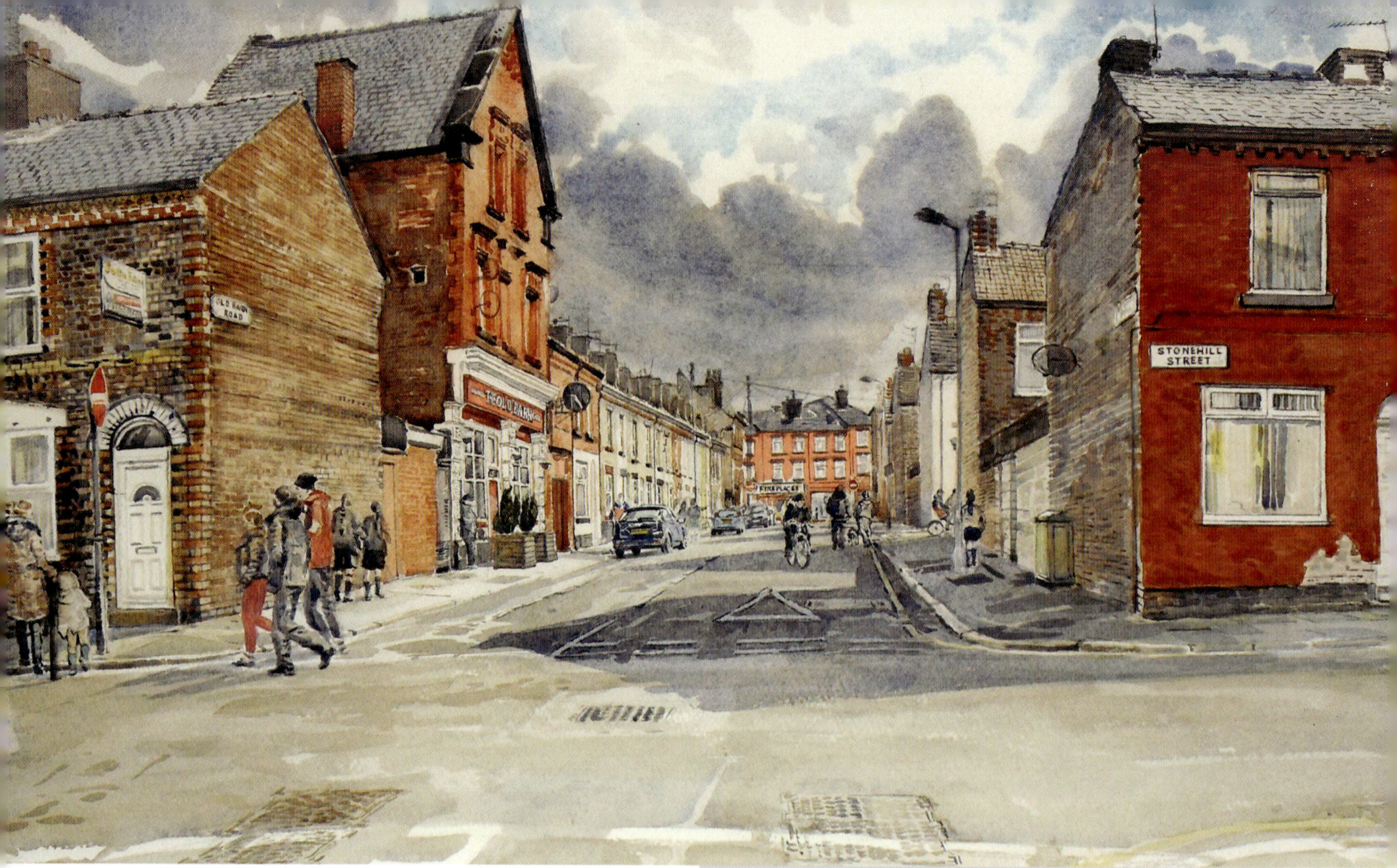

Old Barn Road, 2014

Dyma'r Old Barn Road y soniwyd amdani eisoes oherwydd y cysylltiad â'r brodyr Williams Ysgubor Hen. Mae hon wedi goroesi hyd yma.

Mae pawb yn mynd o gwmpas eu pethau - siopa, mynd neu ddod adref o'r gwaith, dod adref o'r ysgol, mynd â'r ci am dro, beicio neu aros ysbaid am sgwrs – mae rhywbeth yn braf mewn tystio i'r gweithgareddau bob-dydd hyn..

This is Old Barn Road, mentioned already because of its association with the Williams brothers from Ysgubor Hen, and has survived to date.

Everyone is going about their daily business - shopping, going to and from work, walking home form school, walking the dog, cycling or stopping for a chat – there is something comforting in witnessing these everyday activities.

Er i Frank fod yn gefnogwr brwd o dîm pêl-droed Lerpwl ers ei blentyndod, dyw ei berthynas mwy diweddar gyda'r clwb ddim mor felys wrth i'r clwb newid i fod yn fusnes ariangar enfawr ac yn frand byd-eang. Gyda'i siop ar Oakfield Road, nepell o Anfield, mae Frank yn dyst i chwalfa fawr arall fel yn y 70au, wrth i'r maes pêl-droed ehangu ac wrth i Gyngor y Ddinas ymgymryd â chynllun ailddatbygu helaeth yn y strydoedd cyfagos.

Mae Hartnup a Lowther yn ddwy stryd sydd wedi cael eu dymchwel i wneud lle i ehangu'r stadiwm bêl-droed.

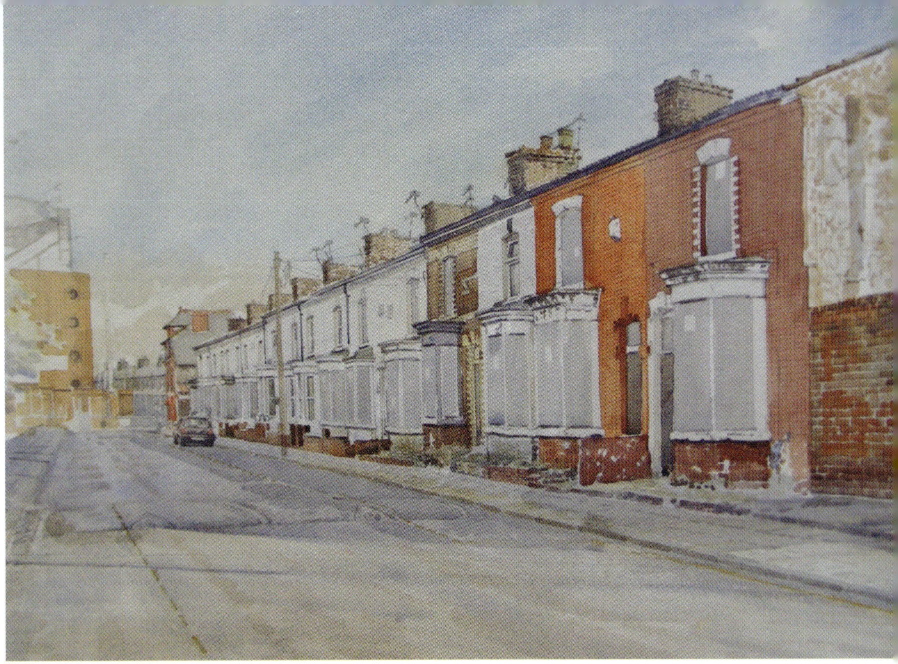

Hartnup Street gydag Anfield, 2013
Hartnup Street with Anfield, 2013

Even though he has been a lifelong supporter of the Liverpool football team, his relationship with the club in recent years hasn't been quite so rosy as the club has changed to become a huge covetus business and global brand. With his shop in Oakfield Road, a stone's throw from Anfield, Frank is once again witness to huge demolition as the football ground expands and the City Council undertakes large-scale redevelopments in the nearby streets.

Hartnup and Lowther are two streets that have been demolished.

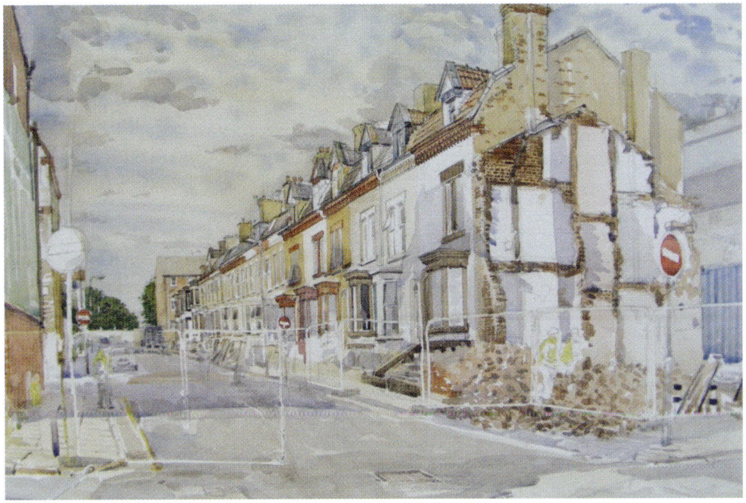

Lowther Road, 2013

Un o'r strydoedd i'w dymchwel yn barod ar gyfer yr ailddatblygiad oedd Breckfield Road North, lle roedd siop gyntaf Frank. Mae'r siopau a'r dafarn wedi'u gwagio yn barod i gael eu chwalu ac mae darlun Frank yn dal yr olygfa – bron na fedrwch deimlo'r tawelwch ar yr hen stryd.

Mae'r darluniau yn ddogfen hynod o bwysig o dirlun a chymdeithas Lerpwl ond mae'n rhaid cofio hefyd fod bywyd Frank yn rhan bwysig ohonyt.

Breckfield Road North, where Frank had his first shop, is one of the streets already demolished to make way for redevelopment. The shops and pub have been boarded up ready for demolition and Frank's painting catches the scene, the silence in the once busy street palpable.

The artworks are are very important document of the Liverpool's townscape and society but its also vital to keep in mind that Frank's life plays an integral part in them.

Breckfield Road North, 2009

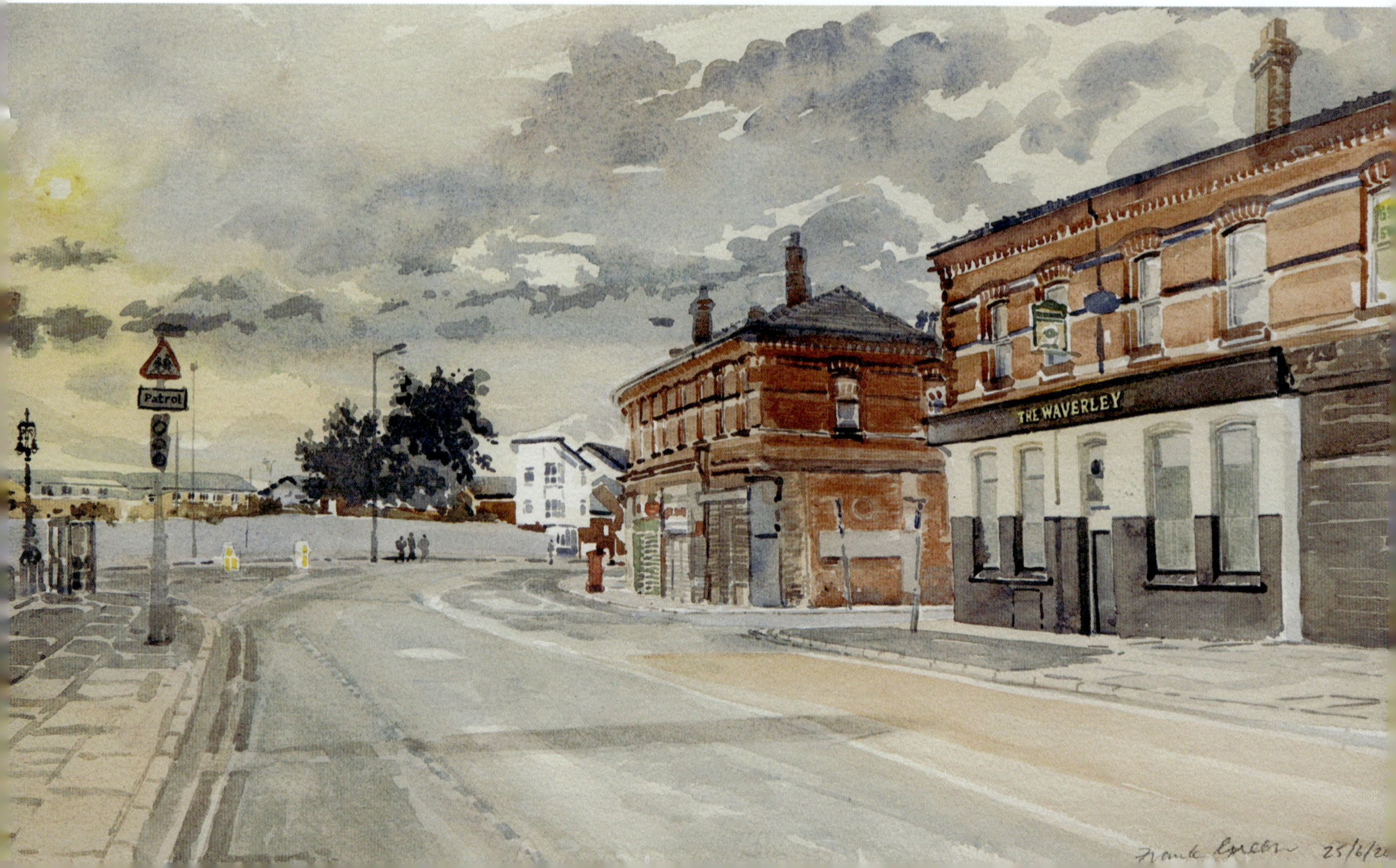

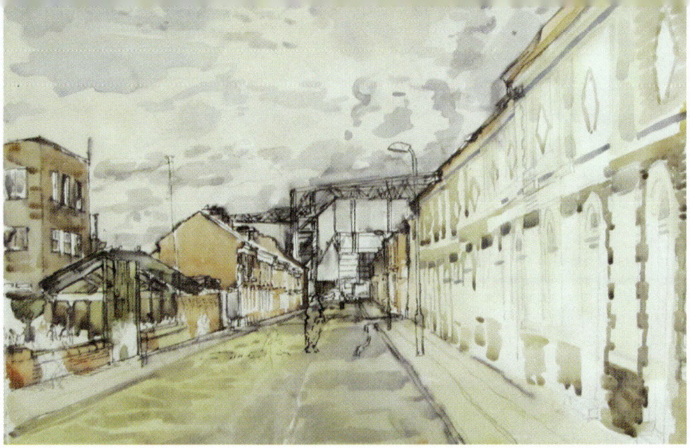

Vienna Street gydag Anfield, braslun ffelt tip a dyfrlliw, 2010
Vienna Street with Anfield, felt tip and watercolour sketch, 2010

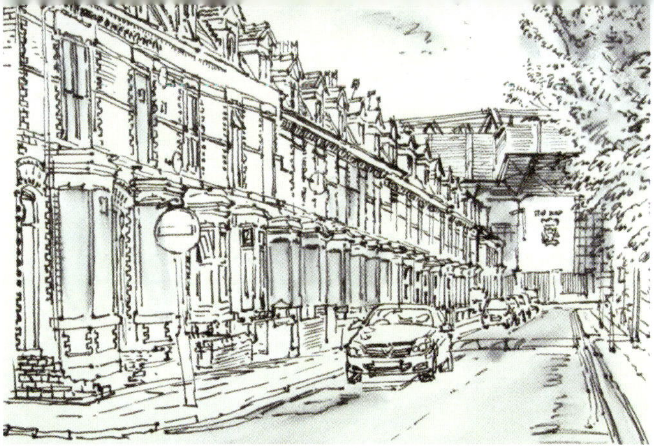

Venmore Street gydag Anfield, braslun ffelt tip, 2010
Venmore Street with Anfield, felt tip sketch, 2010

Ymysg y strydoedd i ddiflannu yn Anfield mae'r strydoedd 'V' enwog, sef y rhai a sefydlwyd gan gwmni adeiliadawyr ac asiantaeth dai y Venmores. Roedd y ddau frawd o Lannerch-y-medd ym Môn, William (1845-1920) a James (1850-1920) wedi dod i Lerpwl yn ddynion ifanc i sefydlu busnes llwyddiannus W&J Venmore gan ddatblygu yn ardaloedd Anfield ac Edge Hill, lle roedd ewythr iddynt, William Venmore arall, yn weithgar eisoes.

Mae llawer o strydoedd y Venmores yn hawdd iawn i'w hadnabod gan fod eu henwau'n dechrau gyda V – Vienna, Venice, Viceroy, Vyrnwy, Vanguard a'u cyfenw, Venmore. Yn wahanol o ran natur, roedd James yn ddyn cyhoeddus, yn Ynad Heddwch a ddaeth yn Uchel Siryf Môn, tra oedd William yn ddyn mwy preifat, yn gwneud llawer o waith dyngarol ac wedi bod yn flaenor yn Eglwys Anfield Road am flynyddoedd. Roedd James wedi priodi Margaret, merch yr adeiladydd David Hughes, a bu farw mab iddynt, yr Is-Gapten Frederick Venmore, yn dilyn Brwydr Mametz Wood yn y Rhyfel Byd Cyntaf. Yn rhyfeddol, bu'r ddau frawd farw o fewn ychydig oriau i'w gilydd, William ar ddydd Sadwrn 11fed Rhagfyr 1920 a James ar y diwrnod canlynol.

Among the streets to disappear at Anfield are the famous 'V' streets, established by the building and estate agency company of the Venmores. The two brothers from Llanerch-y-medd on Anglesey, William (1845-1920) and James (1850-1920) came to Liverpool as young men and established a successful business, W & J Venmore, responsible for building areas of Anfield and Edge Hill, along with their uncle, William Venmore.

Many of the Venmore streets are easily distinguished because of names beginning with V - Vienna, Venice, Viceroy, Vyrnwy, Vanguard and their surname, Venmore. Very different in nature, James was a public figure, a Justice of the Peace he became High Sheriff, while William was a more private man, active with his philanthropic work and a deacon at Anfield Road Methodist Church for many years. Amazingly the two brothers died within a few hours of each other, William on 11 December 1920 and James the following day.

Mae llawer o ddicter a siom ynghylch ailddatblygiadau yn ardal Anfield. Mae llawer yn credu fod y clwb pêl-droed wedi trin y gymdogaeth yn wael yn y modd yr aethant ati gyda'u cynlluniau drwy brynu tai fesul un ers blynyddoedd lawer, gan eu gadael yn wag a dechrau'r broses boenus o ddiboblogi a thlodi strydoedd cyfan.

Dyma'r strydoedd mae Frank yn daer yn ceisio'u cofnodi cyn iddi fynd yn rhy hwyr ac iddynt ddifannu am byth. Mae'i waith wedi troi mewn cylch crwn.

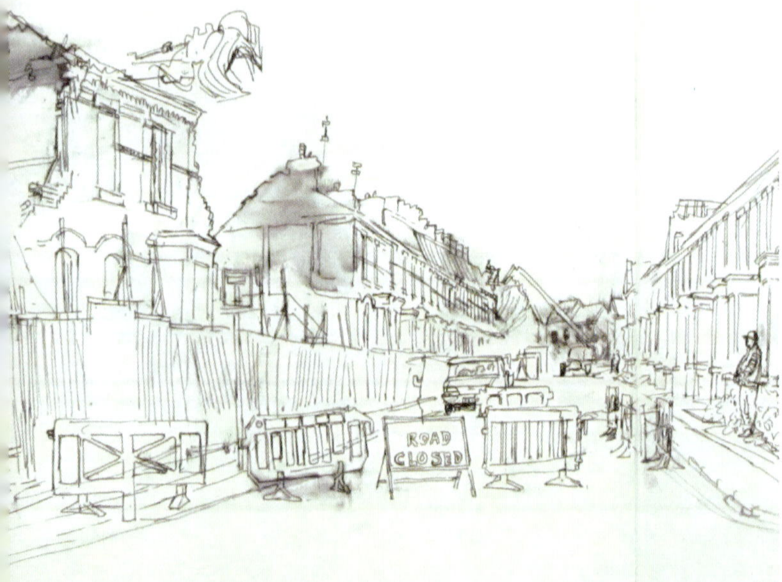

Venmore Street, dymchwel, 2010
Venmore Street, demolition, 2010

There is a lot of anger and disappointment surrounding the redevelopment of the Anfield area as many believe the football club has treated the neighborhood badly in the way they have gone about their business, buying houses one by one over many years, then abandoning them, starting the long and painful process of stripping whole streets of any life and value.

These are the streets that Frank is now desperately trying to record before they are lost forever. His work has gone full-circle.

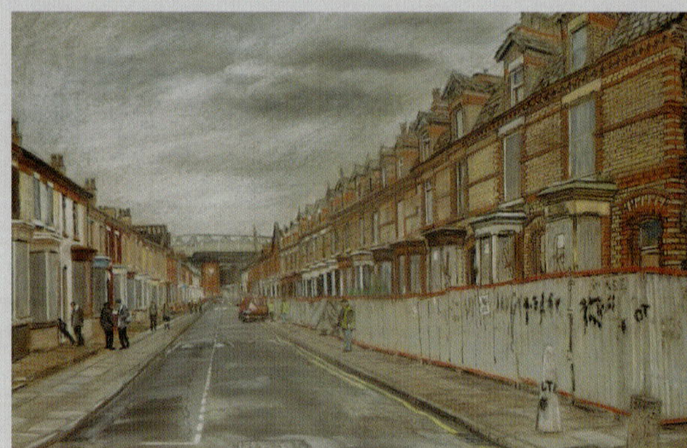

Venmore Street ac Anfield, conte a sialc, 2011
Venmore Street and Anfield, conte and chalk, 2011

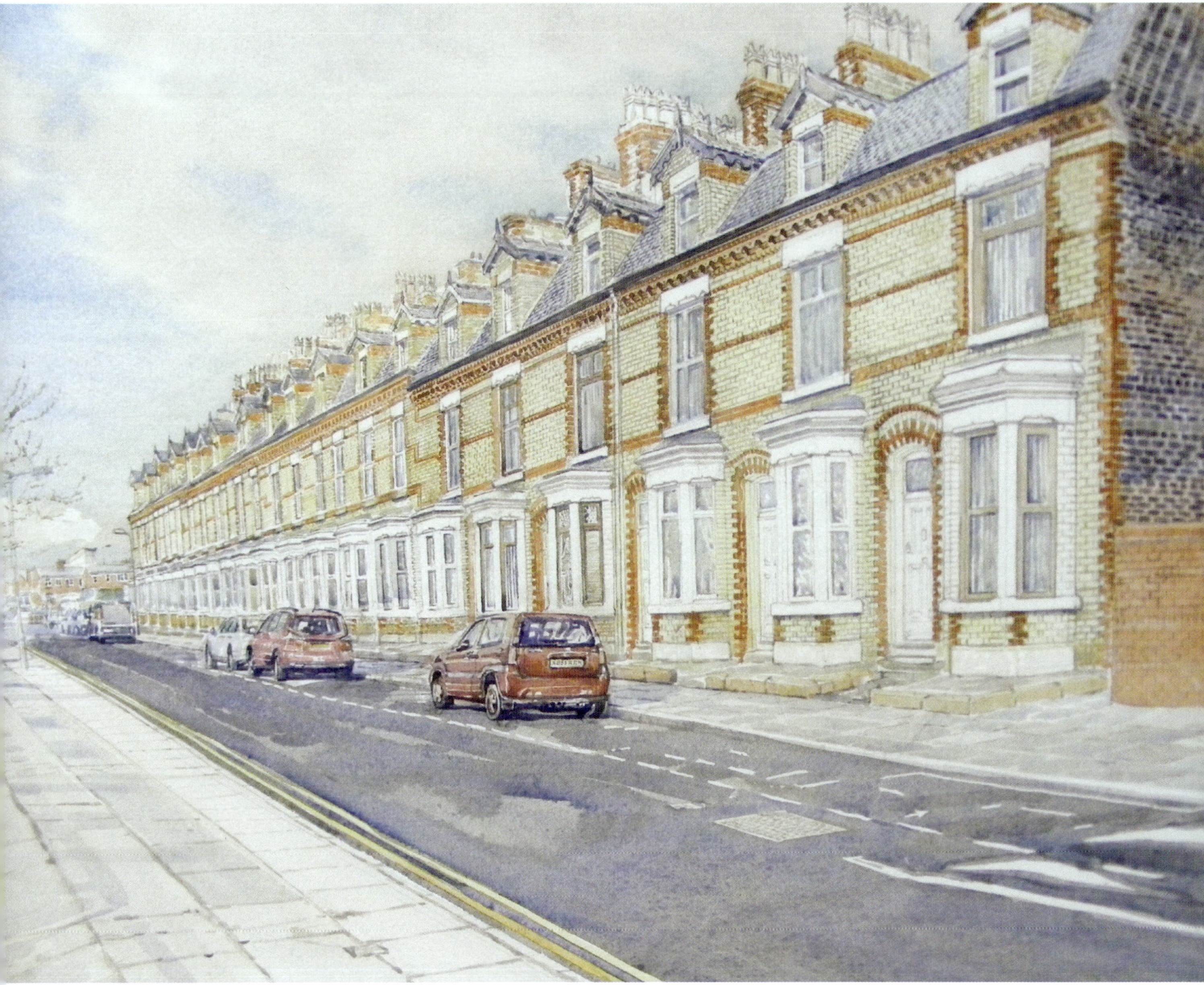

Venmore Street, 2014

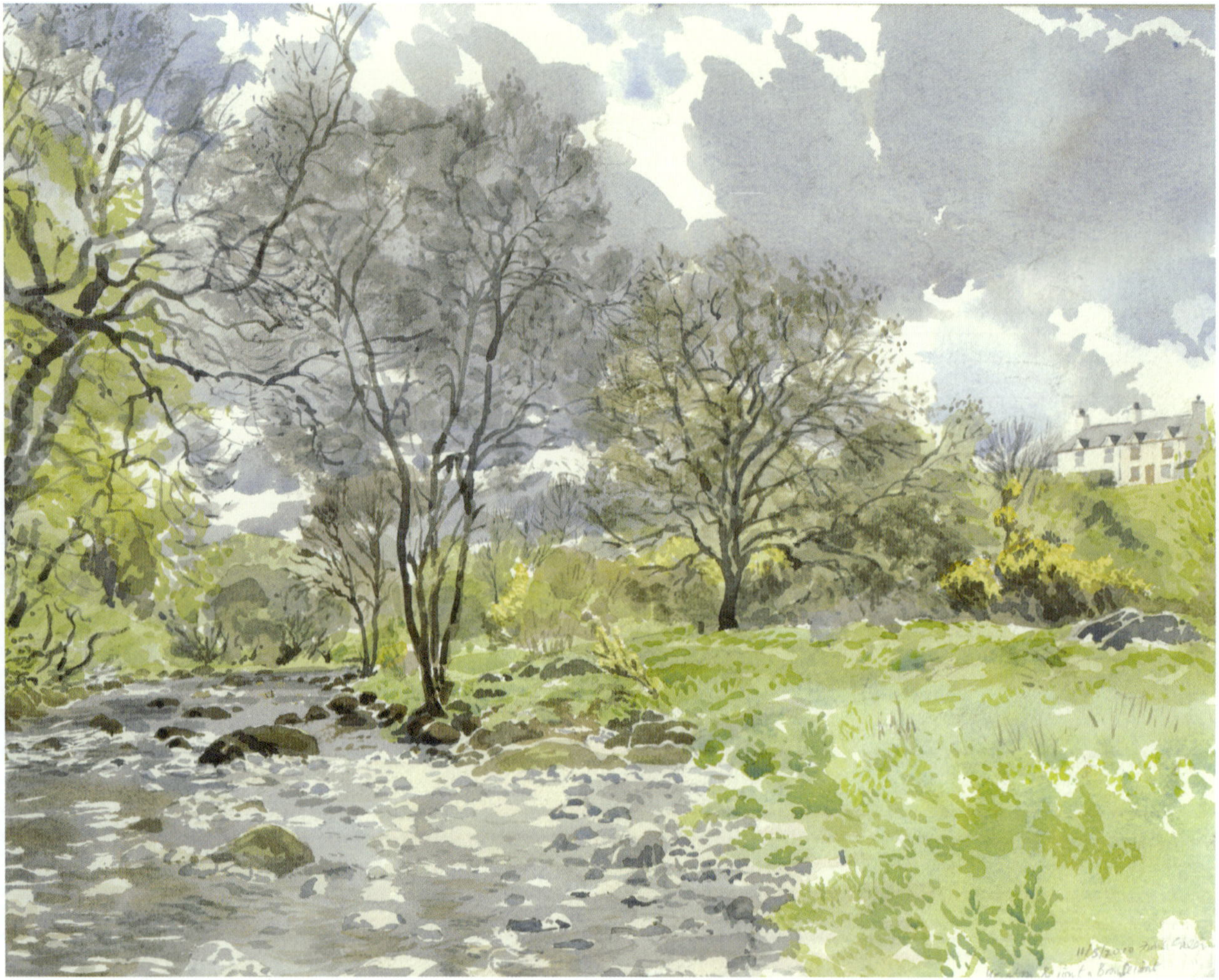

Afon Seiont, 2009

Os na fydd Frank yn paentio ar strydoedd Lerpwl, bydd yn aml i'w weld yn braslunio a phaentio o gwmpas ei gartref ym Mhontrug. Mae yr un mor gyfforddus yn creu tirluniau gwledig gogledd Cymru ag y mae ar strydoedd y ddinas ond efallai nad oes yr un teimlad o genhadaeth yn perthyn i'r gwaith hwn. Mae golygfeydd Eryri yn rhai oesol, yn wahanol i nifer o hen strydoedd Lerpwl sy'n diflannu.

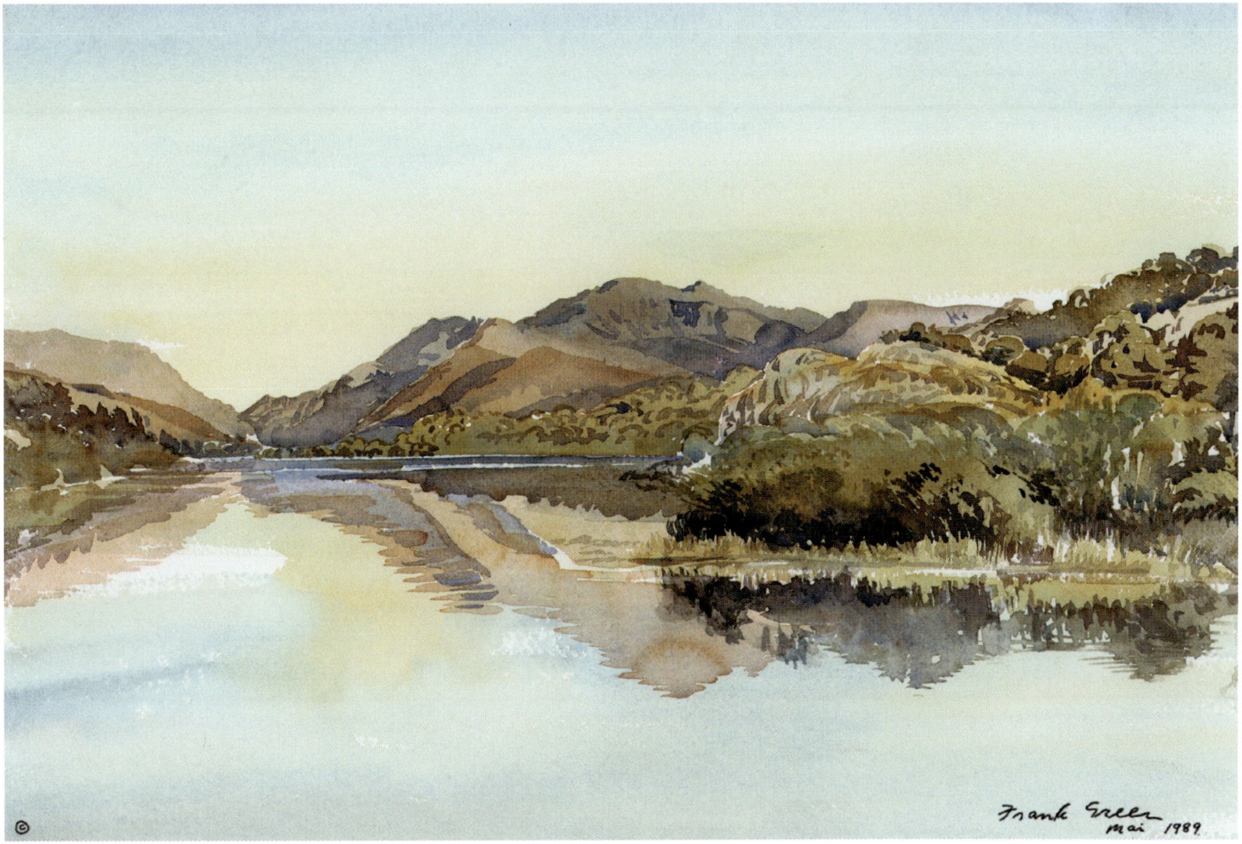

Yr Wyddfa, 1989
Snowdon, 1989

When Frank isn't painting the streets of Liverpool he's often seen sketching and painting in the area around his home in Pontrug. He is equally comfortable portraying the rural landscapes of north Wales as he is with the city streets of the city but perhaps the they don't contain the same ungency of calling. The scenery in Snowdonia is ageless, unlike many of the disappearing streets of Liverpool.

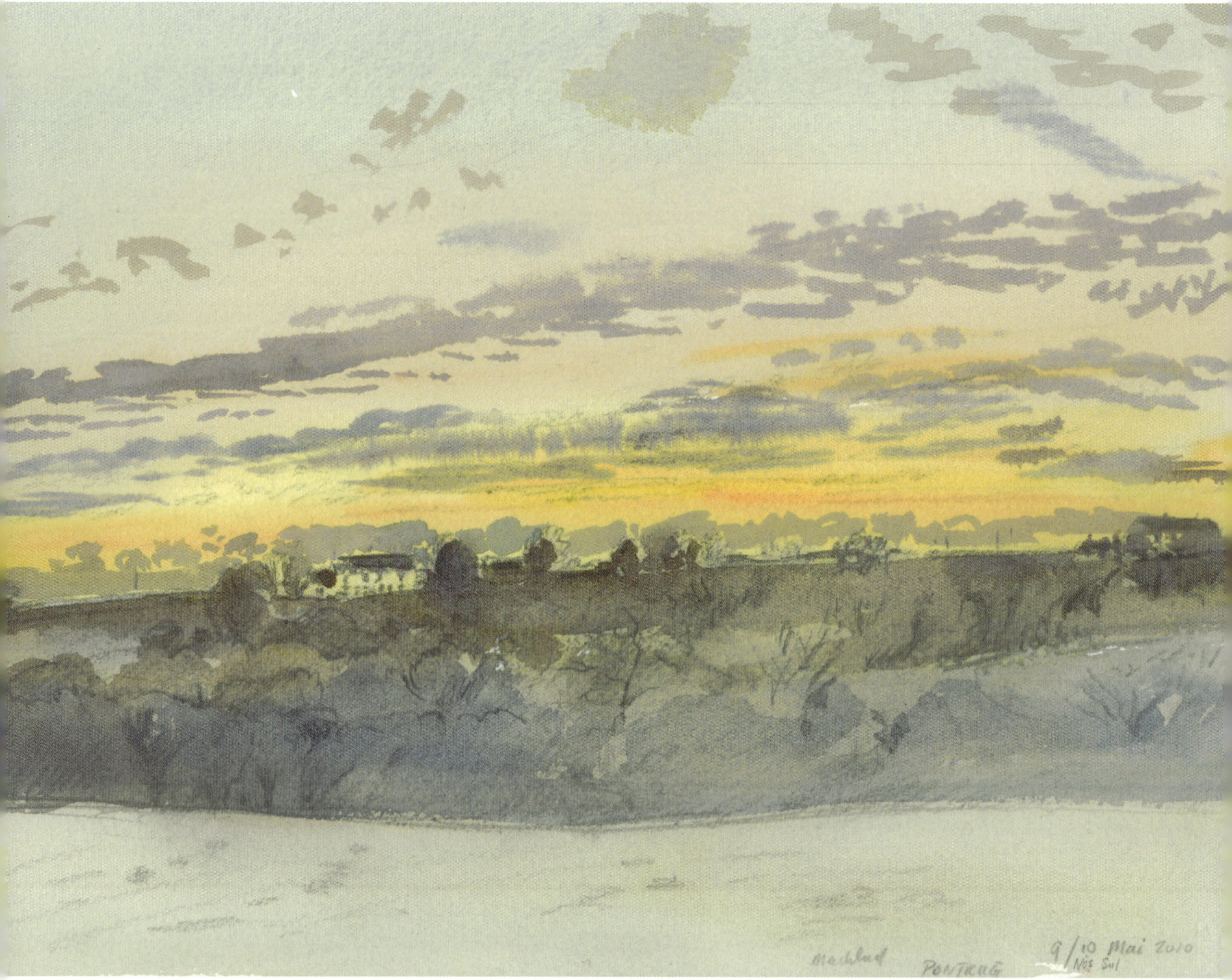

Machlud ym Mhontrug, 2010
Sunset in Pontrug, 2010